棒槌岛·『金苹果』文艺丛书

韩月琴

HAN YUEQIN

滕贞甫　主编

图书在版编目（CIP）数据

韩月琴 / 滕贞甫主编. —大连：大连出版社，2015.12（2024.8 重印）
（棒棰岛 ·“金苹果”文艺丛书）
ISBN 978-7-5505-0994-8

Ⅰ.①韩… Ⅱ.①滕… Ⅲ.①韩月琴—生平事迹
Ⅳ.① K825.7

中国版本图书馆 CIP 数据核字 (2015) 第 283273 号

策划编辑：张　波
责任编辑：金　琦
装帧设计：蓝瑟传媒（大连）有限公司
责任校对：彭艳萍
责任印制：刘正兴

出版发行者：大连出版社
地址：大连市西岗区东北路 161 号
邮编：116016
电话：0411-83620573/83620245
传真：0411-83610391
网址：http://www.dlmpm.com
邮箱：dlcbs@dlmpm.com
印　刷　者：三河市双升印务有限公司

幅面尺寸：170mm × 230mm
印　　张：10
字　　数：116 千字
出版时间：2015 年 12 月第 1 版
印刷时间：2024 年 8 月第 2 次印刷
书　　号：ISBN 978-7-5505-0994-8
定　　价：68.00 元

富强民主文明和谐自由平等
公正法治爱国敬业诚信友善

韩月琴

汉族，1941年出生于庄河。中国著名剪纸艺术家，国家级和世界级非物质文化遗产项目庄河剪纸代表性传承人。曾任两届庄河市政协常委，获得大连市第十一届文艺“金苹果”奖和第十届中国民间文艺“山花奖”。

师承家传，继承传统，勇于创新，传承剪纸，服务社会。曾应邀在日本爱知县世博会，中国上海世博会、北京奥运会上表演剪纸。八次出国展演技艺，被誉为“神州神剪”。出版剪纸专集，发表多篇论文，获得二十余项全国剪纸大赛金奖、金剪刀奖，并因致力于弘扬和传承剪纸文化而获中国剪纸终身成就奖、中国剪纸特殊贡献奖、中国剪纸优秀辅导员奖、全国先进文化志愿者等十余项荣誉。

目录

Contents

苦乐人生

剪纸艺术是我一生的追求，我把剪纸当成一项崇高的事业，手不释剪奋斗了半个多世纪，尽管有艰辛、有坎坷，但更多的是愉悦和欣慰，是满足和自豪。

我用剪纸实现了人生价值

——说说我的剪纸生涯

我的人生是剪纸人生，从我记事的那天起，剪纸就始终与我相依相伴，形影不离。创作剪纸和传承剪纸是我生活中最主要的内容，它甚至影响到我的生活方式，决定了我的人生观。我感谢剪纸给我带来的无限快乐，感谢剪纸实现了我的人生价值。

我出生的家庭

我的祖辈是从山东跨海而来的，像千千万万个贫苦人家一样，他们从海那边的山东登州府蓬莱县的海滩上船，漂荡数日，才在庄河一个叫打拉腰的地方靠岸。听老辈人讲，刚到庄河那会儿，举目无亲，房无一间，地无一垄，男人靠卖“擦子”养家糊口，就是把苞米楂子在水里泡软，磨成面团，擦成一条条的，放进滚开的大铁锅里过一下，捞出来，沿街叫卖，起早贪黑，千辛万苦。没有活儿干的女人就在家喝铁锅里的面汤充饥。有时候是苦中作乐，有时为了生计，做一些山东老家的布玩意儿，剪出一些窗花、鞋样在庙会上和街边卖钱，贴补家用。也许是受孔孟儒家文化的影响，日子过得这般苦，我的爷爷也要把小儿子韩秉钧送到县城东的私塾里念书。今年八十三岁的二姐说，经过两代人的艰苦劳作和勤俭持家，到她记事的时候，我们老韩家已经有二十多亩地了，日子过得自给自足。爷爷还在庄河县城开了家果鲜店，经常接济吃不上饭的人，口碑很好。爷爷和父亲心地善良，有许多善事义举，我那时虽然年龄还小，却都看在眼里记在心上，这些事对我影响至今，善良也成为我做人的根本。

我的父亲后来成了教书先生，品行端正，一表人才，有学问，能写一手好毛笔字，方圆几十里都有人来求学求字。我的母亲没有念过书，但面容姣好，通情达理，她后来认识的字都是我上小学以后教给她的。我教她写字，她教我剪纸。母亲娘家是仙人洞村的大户人家，开缸窑。太姥爷、姥娘都擅长丹青，因为美观的需要，他们把各种花卉鸟兽描画在入窑前的盆盆罐罐上，上面的纹饰都像剪纸的图案。据说缸窑当年很红火，在庄河很有名气，我们家族中至今还保留着那时做的描花细瓷盆。解放前后的那个年代，在远离城市的乡间，人们通常把我们这样的家庭叫作书香门第，我们信奉“忠孝传家远，诗书继世长”，把“勤俭为本，读书为荣”作为家训，传统文化气息很浓。

我们姐妹都很幸运，因为我们有一个非常开明的父亲，当时我们周围的几个大户人家都只供儿子上学，不供女儿上学，而我们姐妹七个一到上学年龄就都能入学。我们打扮得花枝招展，排成一行，说说笑笑地走在乡间小路上，形成一道亮丽的风景。能上学和能学到知识让我们每天都兴高采烈，心花怒放。我们的母亲虽然不识字，但是在父亲去世以后她还经常念叨：“就是扛筐要饭，也要供你们念书，不能当睁眼瞎。”她是小脚女人，小时候没有吃多少苦，为了我们不辍学，她竟然像男人一样下田干活儿。在母亲的影响下，我们姐妹一边上学一边劳动补贴家用，并且都以优异的成绩完成了学业。

长大以后，我们兄弟姐妹都像我们的爷爷、父亲、母亲那样，在任何情况下都把后代人的读书当成家中的头等大事，认为只有知识才能改变命运，才能懂礼仪、做好人、有出息、受尊重。多年来，我们家族中出现了不少高学历、高职称的晚辈，许多人在各行各业积极上进，做出了成绩。我的儿子和侄女曾经是庄河市的高考状元，家族中正在念书的第五代、第六代人也大多是学习尖子，这种读书传承和知识底蕴可能就是我们这个家族容易接受中国传统文化的熏陶，自尊自强，兴旺发达的根本原因吧。

但是这个人们口中的书香门第当时并没有多少书给子女们看，我们的日常生活除了上学、干活儿，就是剪纸、刺绣、做布艺，自娱自乐，娱己娱人。茶余饭后，描花样，画花样，剪窗花、鞋花和刺绣、做布艺就成了我们比谁巧和比谁美的资本。我有九个兄弟姐妹，我在七姐妹中排行老六，小名叫“小六子”，我们姐妹人人爱美、爱打扮，心灵手巧的姥姥和母亲就在我们的衣襟、袖口、帽檐、鞋面、肚兜上都绣上牡丹、石榴、桃花、蝴蝶、金鱼、喜鹊等花果鱼禽，还有天冷时焐手的虎头包手，还有九个石榴一只手的绣鞋、祈求平安健康的长命锁，还有装针线用的荷包，以及葫芦、仙桃、小猴等各种布艺，都是手工制作。特别是我，每年一入冬，我的手就被冻得起了冻疮，母亲就早早地为我做了个小布老虎手套，随手戴着，又保暖又好看，别人都羡慕。这些绣品都离不开刺绣，姥姥和母亲在刺绣前都要先剪出刺绣样子，贴在待绣的布上，有些样子跟当时在庄河流行的剪纸一模一样，剪纸就这样不知不觉地走进了我的生活。薄薄的一张纸，就那么剪了几剪子，竟然比贴在墙上的画都好看，由不得我不去喜欢它，不去接近它。长大以后，我对庄河剪纸有了一定的了解，才知道其中的比喻、象征、假托、谐音等寓意手法都是中国传统文化的体现。

平常时候，我们家最主要的文化生活就是和母亲、姥姥围坐在热炕头上描花剪纸，特别是冬闲时节，人人手不离剪，家中墙壁上、窗上、柜子上都贴满了剪纸。我长到能拿动剪子的时候就非要加入进来不可，央求她们教我剪窗花、鞋花、四季花。起先是我把二姐给我画的样子拿来描绘在纸上，依样剪出来，不久就能自己画自己剪了，或者在原有的花样子上添添减减，居然剪得有模有样，尤其是剪“媳妇人儿”，胖瘦高矮，各式各样，都可以按着自己的意愿去剪。剪好了还要拿到大人面前显摆，得到一句夸奖就高兴得不得了，如果再有人说我剪得比别人好就更高兴了。我从小就爱听别人夸我手巧，听到那么多人夸姥姥和母亲手巧我很羡慕，总想像她们那样被人夸奖。

我一生爱剪纸，要强，放不下剪子，也许是从那个时候开始的。那时候，家中剪纸的人多，剪子不够用，谁抢着是谁的，我抢不到剪子就急得在一边掉眼泪，姐姐们心疼我，就把剪子让给我。父亲过年写对子，故意多买一些红纸，好叫我们姐妹剪窗花用，剩下的红纸我都收起来剪窗花，她们也不跟我争抢。母亲叫我给姥姥家送东西，每次去我都要翻看她家的剪纸，翻来覆去地看，甚至忘记了吃饭。到解放军驻地看演出，我盯住那些红红绿绿的标语纸，散场后就跑上去把散落在地上的彩色纸头捡起来，像捡到宝贝一样，带回家抹平压好，留着剪纸用。姥姥画画的时候，我呆呆地看着，心想，我要会画该多好。我经常把姐姐们的剪纸绣花样拿来，用玻璃纸垫着描样子，再照样剪出来。

过了一段时间，我就开始按着实物去画去剪了。冬天，我坐在炕头上，透过窗户上的一块小玻璃观察院子里的鸡、鸭、鹅、狗，去看圈里的猪、牛，画出剪出它们的样子；春天，我求母亲在窗前留出一块地，种上花花草草，从发芽看到开花，画下来，剪出来；夏天，大人们在树下乘凉，我拿根树枝当画笔，在泥地

当年的韩家“七仙女”，现在的剪纸传承人：大姐韩月桂(前排左二)、二姐韩月娥(前排左三)、三姐韩月松(前排左四)、四姐韩月梅(前排左五)、五姐韩月凤(后排左三)、六姐韩月琴(后排左四)、七妹韩月巧(后排左五)

上画大荷花、牡丹花、大公鸡；秋天，我的笔下和剪刀下又会出现丰收的景象和丰硕的果实。上山采蘑菇，下海挖蚬子，我的收获总是比别人少，我总是被山坡上的花草树木和礁石间的小鱼小虾所吸引，总想把它们画在纸上，剪成剪纸。有一年冬天，家里过年杀猪，院子里热热闹闹，猪叫狗跳，全家人都围着看，只有我坐在炕头上一心一意地描花样、剪窗花，剪好了再往窗上贴，不往杀猪的地方望一眼。家中人习惯了，见怪不怪，外来的杀猪人满脸疑惑，说走过多少家杀猪，没见过有这样的孩子，你们家的这个“小六子”将来准会愚了。还有一次，姐姐叫我哄小孩，我低头光顾着剪纸，孩子的嘴叫织衣针扎出了血也不知道……

就这样，到了上小学的时候，我的剪纸就已经能拿得出手了。左邻右舍的大娘大婶们做鞋、做枕头时，经常来向姐姐讨要绣花样子，一进腊月，就有不少人来要窗花，等着剪好取走，我也跟着姐姐们一块儿剪，叫我剪只蝴蝶就剪只蝴蝶，叫我剪朵四季花就剪朵四季花。邻居杨大婶看我像个小大人似的坐在那里剪纸，就故意难为我，说给她剪的鞋花太丑了，铰得不好看，我就换个花样，又说铰大了，我就剪个小一点儿的，还说不称心，我就一连气剪了好几个大小不一样的样式，到底也没能难住我，杨大婶后来逢人便夸我，说老韩家的小俊闺女真乌亮（乌亮是当地人对心灵手巧人的最高评语）。后来我就剪得更好了，年纪轻轻的就有了名气。有一年腊月，我到姥姥家送东西，姥姥家的人把我的棉衣锁在大柜里不让我走，说是村里人知道我来了，求我给他们剪窗花，来了一拨又一拨，剪了一张又一张，直到在姥姥家过完年才回到自己家里。

我出生的家庭跟剪纸有缘，这个家庭经过百年变迁，已经开枝散叶发展成一个家族了，即使时代发生变化了，也始终把剪纸天地作为我们生活的乐园。不管是身处顺境还是逆境，无论是家境富裕还是清贫，始终与剪纸不离不弃。从姥姥那一代至今已经有六辈剪纸传人了，我们姐妹七人是第三代。如今我们姐妹都健在，最大的八十六岁，最小的也年过七十了，如果用一棵大树来比喻，我们七个人就是撑起这棵大树的主干，第四代、第五代、第六代就是这棵大树上的枝杈，我们的父辈、祖辈就是这棵大树扎根于齐鲁大地和关外文化土层的根须。我们吸收着同样的营养，接受相似的熏陶，都是自幼就热爱剪纸，从小就拿起剪子，懂事就参加剪纸活动，一脉相承，根深叶茂。我的孙女王紫微两岁半就和我一道上电视表演剪纸，八岁获大连市市民剪纸大赛少

韩氏家族的部分成员

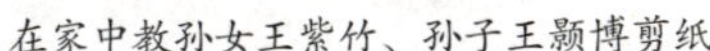

在家中教孙女王紫竹、孙子王颢博剪纸

与七妹韩月巧在端午节活动中，身后布艺是韩月巧手工作品

儿组一等奖，其作品常在报刊发表，参加过全国剪纸大赛，获得许多奖项，她的剪纸还作为礼物被送到新加坡。另一个孙女和小孙子也都会剪纸，两个儿媳都说孙女、孙子身上都有奶奶的剪纸基因。2006年秋天，在庄河海边的一个露天大院里，我们举办了韩氏家族剪纸展，展出了老少四辈的五百多幅剪纸，有人还当场创作，现贴上墙。第二年，大连市文化部门为我们颁发了大连市首个“剪纸之家”牌匾，2012年，被大连市非物质文化遗产保护中心命名为“庄河市剪纸基地”，一年后，又被大连市文化广播影视局命名为“联合国非物质文化遗产项目庄河剪纸韩月琴家族剪纸传承基地”。2015年秋天，我们在这个大院里又举办了一次家族剪纸展览和比赛，第五代、第六代的孩子们都长大了，为了增强他们传承剪纸的责任感，让家族剪纸传承有序，长盛不衰，我们为他们举行了一个正式的拜师仪式，让更多的家族成员成为我们家族剪纸的优秀传承人。

我们家族剪纸从自娱自乐到自觉传承，从土炕土窗到走向世界，剪纸给家族成员带来快乐的同时，也给我们家族带来了意想不到的、超乎寻常的凝聚力。剪纸中的真、善、美培育了我们健康向上、与人为善、团结和谐的家风，这引起国内专家和学者的关注，作为一种文化现象，各种媒体进行了探究和评论。有评论家说我们是“最后的剪纸家族”，我不知道这是对我们的褒奖还是安慰和寄托。当前，包括剪纸在内的中国传统文化受到冲击，面临挑战，我们有决心把家族剪纸世世代代传承下去，不辜负党和人民的期望，为中国非物质文化遗产的保护和传承做出应有的贡献。

我们姐妹七人还创造了一个与剪纸艺术紧密相关的奇迹。经过各级“非遗”保护部门的专家评定，我的大姐被评为庄河谱绣的代表性传承人，二姐被评为普兰店布艺的代表性传承人，四姐和五姐被评为庄河“二月二”习俗的代表性传承人，我被评为庄河剪纸的代表性传承人，七妹被评为大连市端午文化的代表性传承人，一奶同胞七姐妹中已经有六人分别被评为国家级和省、市级非物质文化遗产的代表性传承人，我的三姐也已经申报了“非遗”项目，正待审批。这些项目都与家族剪纸有关，与热爱传统艺术有关，我们每一个人、每一个家庭都有一段说不完的与剪纸有关的传承故事，韩氏家族剪纸的精髓已经融入我们家族成员的血脉之中，由此衍生出的其他民间艺术项目也丰富了我们家族剪纸的内容和表现形式。

这就是我出生的家庭和我生活在其中的家族，这个家庭和家族中的女人再能干，不会剪纸和绣花也称不上心灵手巧。二姐韩月娥说：“进了老韩家门，不管老的少的，也不论是媳妇还是女婿，想不拿起剪子都不行。”我的外甥媳妇嫁进来时不会剪纸，现在已经成了大连市一级剪纸传承人，是家族第四代剪纸人中的佼佼者。家传渊源是我的剪纸启蒙，家族成员之间的相互临摹和一比高下，又使我这个不甘人后的“小六子”一步一步地从稚嫩走向成熟，越来越会剪纸了。

我成长的地方

有剪纸评论家看了我出版的第一本剪纸作品集以后，说我“本质上是传承型的剪纸艺术家”，还有人说我的剪纸是“新民俗剪纸”。无论别人说什么，我都觉得，我的剪纸从形态到神韵都是从生我养我的这片庄河热土上培养出来的。

我有幸生在庄河，长在庄河。庄河这个地方很不错，地处祖国东北边陲，东临黄海，北有辽南最高峰步云山，气候温润，四季分明，山海之间，河、湖、田、林、泉、岛争奇斗艳，水秀山清。庄河因河而得名，传说庄庄有河，三百六十五条河流巧合三百六十五个村庄，上符天文地理，内蕴通灵吉祥，生态环境极为优越，自古以来就是物产丰富的鱼米之乡，也是人杰地灵滋生优秀民间艺术的沃土。

小时候经常在此玩耍的庄河山谷

1941年11月29日，我出生

在离庄河冰峪沟不远的鲍码村小西炉屯，这是一个离县城八十多里的临海峡谷，如今已经成为著名的国家旅游度假区，有“辽南小桂林”之称。我的童年无忧无虑，整天在这弯弯曲曲、清澈见底的小河里捉鱼摸虾，在松柏常青、深不可测的山谷里与伙伴们嬉戏玩耍。这里满目色彩，气象万千，还有仙人洞的神秘传说，都是大自然对我的馈赠，在以后的日子里，它的风景与我的童年一道入梦入画，为我的剪纸增添着天地间的灵气。

早在六千五百年前，庄河就有先人在此繁衍，他们创造文明，留下了众多的名胜古迹和无数传说故事、传奇人物。现在庄河拥有许多国家级和省、市级非物质文化遗产项目，并获得全国文化先进县、中国现代民间绘画之乡和辽宁省群众文化活动基地（剪纸）等称号。特别是剪纸，其历史悠久，仙人洞上庙、下庙里宗教用的剪纸饰品、古城老街的建筑装饰图案、曾经的老街纸坊，以及长期以来剪纸在民间习俗、民间皮影和民间刺绣中的应用，都鲜明地体现出庄河剪纸深厚的底蕴。这里是催生剪纸艺术的摇篮。

在中国，庄河剪纸有其他地方无法比拟的文化特色。庄河民族多，据2006年统计，有十六个少数民族，少数民族中又以满族人口最多，满族妇女和汉族妇女一样有剪纸习惯，剪纸风格源于古代东北少数民族的剪纸艺术。清末民初，大批闯关东的贫苦农民来到庄河以后，把山东民间剪纸和齐鲁文化也带来，随着几代人的交往和联姻，两种剪纸文化就有了千丝万缕的血脉关系。也就是说，庄河剪纸是关内农耕文化生成的汉族剪纸艺术与关外游牧文化孕育出的少数民族剪纸艺术相融合的产物。同时，庄河沿海有很多海岛渔村，海洋渔家文化也融入其中。庄河剪纸在这种长期融合中演变发展，形成了包含齐鲁文化内涵、兼有东北黑土地韵味、风貌独特、别具一格的剪纸文化。这是庄河剪纸成为国家级和世界级非物质文化遗产的一个重要原因，也是我剪纸技艺脱胎的母体，是我剪纸创作的基础。有了这样的起点，我就比其他地区的剪纸者幸运多了。

除此之外，我的剪纸创作还得益于庄河的民俗活动。剪纸是民俗活动的载体之一，我的童年和少年时代几乎是踩着民俗鼓点儿度过的。我爱过年，因为过年能剪窗花、贴窗花，窗花的题材和样式十分丰富，最能体现出年的吉祥和剪纸的美，还有剪纸人的情怀，窗花年年都相似，窗花也岁岁剪不厌。

我也非常爱逛庙会，我对庙会始终有一种异乎寻常的迷恋，直到现在，一听说哪里有庙会我都会情不自禁地要去，只不过那

常年坚持采风，逛庙会，参加民俗活动

时候是去看别人表演，现在是去表演给别人看。庙会以民间祭祀活动为核心，进行商贸和文化艺术活动，是百姓集中进行民俗活动的场所。对于我来说，一座寺庙其实就是一座民间美术馆，整天看也看不够，我从小就崇拜庙会上祭天、祭海、祭山、祭神的庄严神秘场景和香烟缭绕、古钟鸣响的肃穆气氛，我参加庙会，观看民俗活动，就是观察和领悟中国传统文化，并将其精髓融入到我的剪纸中的过程。我把庙上的那些法器及旌旗上的图案和纹饰默记在心里，回家凭着记忆画下来，剪出来。姐姐给的钱也不买吃的，而是买些小饰物和手工艺品反复把玩，反复琢磨，想知道它们美在哪里，为什么那么好看，所以经常是饿着肚子回家。我最喜欢佛堂里的观音菩萨，喜欢她慈祥的面孔和丰富的神态，我一直爱剪观音，观音的慈悲和善良也剪刻在我的心里。我还爱看海神娘娘，爱剪那些慈眉善目的佛家和道家的神仙人物，他们给予我的不单单是美的画面和美的色彩，更重要的是一种精神，甚至是信仰，影响到我以后的人生观，让我始终心地善良，助人为乐，愿意奉献。我曾经在正月十五特意做了一个两米多高的观音菩萨灯，观音端坐莲台，手持宝瓶，周身有多幅吉祥剪纸装

1984年正月十五，在亲手制作的观音菩萨灯下与老伴儿王玉良合影

饰，彩灯闪亮，十分壮观，引来很多市民围观合影。我得过那么多奖项，最珍惜的还是大连“金苹果”奖，因为这个奖是以“德艺双馨”为标准来评选的，我很看重这个“德”字，也自认无愧于这个“德”字。

看惯了乡村送亲、迎亲情景，我就和姐妹们剪出各式各样的“小媳妇人儿”擎在手上追逐打闹；端午节，我戴着姥姥、母亲为我缝制的仙桃、生肖、荷包等串串吉祥物走在乡间小路上，走进庙会；七巧节、中秋节、春节来临时，我会用应时的饰物和剪纸变着花样地去表现心中的快乐。在庄河民间婚俗和其他生活习俗的影响下，我剪“囍”字，剪“福”字，剪绣花样子，剪花鸟鱼兽，剪戏曲人物，一切与民俗有关的事物我都爱剪，都能剪。有一年端午节，我第一次跟老师撒谎请假，躲在家里又缝又剪，做了好多生肖、仙桃、小猴、公鸡送给别人，不仅是为了叫别人夸奖，也是为了自己更有意思地过节。到了龙凤日，我剪龙头凤尾的立体剪纸；到了元宵节，我扎孔雀开屏灯，周边贴窗花，一闪一闪地亮，能活动，有声音。即便是现在，我们老韩家的民俗活动也没有间断过，大节不用说了，小节也不放过。2015年“二月二”，我们又聚集在一起，在农家院里的空地上用草木灰打了一个大大的灰囤，我侄子韩巍然蹲在灰囤里，抱着一个过去装粮食用的升，升里装着五谷杂粮、豆腐、白菜、大葱，背景是五姐剪的《白菜福字》、七妹剪的《三阳开泰》，让孩子们随意去剪，吉祥好看就行。

庄河剪纸从产生那天起就与庄河民俗同生共长，并因民俗活动而鲜活地延续到今天。民俗使我的剪纸较多地保留了本地文化特色和原生态特征，使我的剪纸始终带有反映庄河民间习俗的印记，有了永恒的主题和生命力。

我这个人命中注定离不开庄河这块乡土。1957年，我以全县第一的学习成绩从小学升入初中，1960年又以名列前茅的成绩初中毕业，我当时虽然没有树立起为剪纸事业奋斗终生的理想，但是心中很有抱负，决心不虚度人生，要做一个对国家、对人民有贡献的人。毕业后，我离开庄河，分配到旅大市（1981年改称大连市）中山区昆明街小学当美术老师，我把剪纸带进课堂，教学生剪团花，作为美术课的补充。有一天，课外美术辅导员给我看一张画，名字叫《热爱和平》，画中一个小女孩手捧和平鸽，我灵机一动，脑子里立即勾画出一个农村女孩在院内喂羊的形象，剪了出来，并在别人的鼓励下送到《旅大日报》。第一次明白了，我以前的那些剪纸活动都可以称为“创作”。为了创作，我白天给学生上课，晚上到市群众艺术馆学习美术。城市的繁华没有让我失去自我，小时候的绘画和剪纸知识都一点一点地被贯穿起来，感性的东西有了头绪。

1962年，城市缩减人口，我回到了庄河，一边在元和小学代课，一边继续绘画和剪纸。第二年，旅大师范专科学校到庄河招生，我拿着从旅大市带回来的一张宣纸去应试，记得那一天河水暴涨，我在河边急得哭了，还是两个农民搀扶着我过了河，在考场我画了一幅人物写生，还送给老师一张事先画好的国画和一张剪纸。监考老师惊喜地说，我们在庄河发现了一个美术人才。尽管当时我年龄偏大，但还是被破格录取了。离开学校那天，班级的学生舍不得我，都哭了。我十分珍惜在旅大师范专科学校美术班学习的日子，我的剪纸也令师生们叫好，开晚会和过节时常常贴在校园和教室里供大家欣赏。学校里有高人，当我不想带同学剪纸，要去参加油画创作时，班主任老师对我说，剪纸是中国民间艺术，很宝贵，也很有用，你要继续下功夫，不要放弃。这么多年来，我一直记着这句话，我十分感谢老师当年对我的教导，师恩难忘。

1967年7月，我毕业后被分配到庄河徐岭公社双丰小学当老师，又一次回到了庄河。

回到庄河，就回到了庄河古老的民风民俗中，就回到了庄河火热的现实生活，回到了孕育民间艺术的母体。与那些散布在乡间的大娘大婶的剪纸相比，我看到了自己剪纸的局限性，因此，除了教学，我几乎把所有的精力都投入到乡村采风中，我的背包里揣着剪刀和红纸，不停地在山沟里、在渔村里寻访和求教，在农家院的炕头上与老人们交换剪纸花样，交流剪纸手法。老人们都把我当成知心人，愿意把珍藏的剪纸样子拿给我看，传授我剪法，我也常常为了想与一个有一技之长的老艺人见上一面，而在几十里的山路上来回奔波，如果老人不在家，我会在屋檐下一直等候。我像海绵吸水一样从每一位老剪纸人的身上学东西，她们都是土生土长的庄河人，大多数人年轻时家境贫寒，没有文化，她们对剪纸的热爱来自对生活的乐观和豁达。有的人不但有本人积攒的剪纸样子，还保存着她们的母亲和姥姥的剪纸，经常拿出来翻一翻看一看，她们用一生的阅历去体验剪纸图案和纹饰中的生命内涵和吉祥意味，去反映庄河剪纸的原生态和文化传统，这一切对我的剪纸理念的形成都产生了深远的影响。我把从她们那里看到的和领悟到的都储存在脑子里，反复比较和思考，消化和

与剪纸艺人交流剪纸技艺

理解其中的风骨、形态和情趣，变成自己的东西。每当我拿起剪子就有各式各样的剪纸样子蹦跳在眼前供我参考，到后来，我就可以不用画草图而随心剪，任意创作了。我的这个习惯坚持了近五十年，至今乐此不疲，像在挖掘一口剪纸创作源泉的深井。有位老艺人叫孙淑芳，我向她请教的次数最多，几十年以后，我还到处打听她的下落，请她参加我组织的剪纸比赛，还自掏腰包为她发了奖金。我时常提醒自己，不管获得了什么大奖，不管有了多么大名气，也不管有了什么样的创新，在历史悠久、底蕴厚重的庄河剪纸和庄河剪纸者群体面前，我永远都是个需要不断学习的学生，对于剪纸爱好者来说，这是成为剪纸艺术家的必经之路。

我两次重返故土，这是我剪纸人生的重大转折，是命运的奇妙安排。如果没有这两次返乡，我可能是位称职的老师，绘画和剪纸也可能陪伴我终生，但那只是谋生的手段和职业的需要，我也可能蜗居在闹市的一角，脱离民间沃土，与真正的民间剪纸艺术渐行渐远，不会化蛹为蝶，更不要说成为国家级非物质文化遗产庄河剪纸的代表性传承人，也不要说获得中国民间文艺最高奖项——“山花奖”，登上中国剪纸艺术的最高殿堂。尽管每次从闹市中回乡都有些身不由己，尽管当时也有其他的人生选择，但是现在回想起来，还是要庆幸自己当初没有走弯路。

庄河是我成长的摇篮，庄河民间文化奠定了我剪纸的底蕴，庄河的秀美山川为我增添着剪纸的灵气，庄河火热的现实生活是我不懈创作剪纸的动力，而庄河人民和庄河各级领导对我始终如一的关怀、培养和帮助更是让我终生难忘。饮水思源，我对庄河这块热土、对庄河人民永怀感恩之心。

教学相长三十年

从旅大师范美术班毕业后，我在庄河教学三十年，先小学，后中学，直到退休，一直是美术老师。有人说我是大连地区第一个把剪纸教学带进课堂的人，也许是吧，在这三十年里，我教学生剪纸，自己也坚持下乡采风，坚持剪纸创作。1973年，我曾经在《辽宁教育》杂志上发表了一组五幅剪纸《以学为主》。1987年，我把课堂教剪纸的经验总结整理出来写成论文，并在辽宁省中小学美术教育研讨会上宣读，获得优秀奖，被授予学生课外美术活动优秀辅导员称号。我还经常参加社会上的剪纸活动，并在1982年至1998年担任了庄河市政协常委。我是一名称职的美术老师，但是我的人生目标不仅仅是这样的，别看我性格内敛不爱招摇，可我总想在剪纸领域寻求突破，总想尝试干出点儿事业来，有点儿作为。

这期间我的人生中发生了两件大事。

一件事是经历“文化大革命”。我被调到县里画宣传画，我怀着极大的热情，全身心地投入进去，扛着梯子，提着颜料桶，到处画领袖像、写语录，废寝忘食，夜以继日。一个姑娘，穿着沾满油彩的衣裤走在路上也毫不在意，不少人都知道庄河出了个能干的女画家，我听到了，心里美滋滋的。

我发现，无论怎样“破四旧”，庄河剪纸还是以其旺盛的生命力顽强地出现在人们的视线中。过年照样贴窗花，结婚照样贴“囍”字，在其他传统艺术横遭批判而黯然失色的情况下，剪纸越发显得鲜艳夺目。这种现象使我对剪纸有了更深层次的认识，感情上更贴近了。在繁忙的工作和频繁的政治活动中，我没有忘记剪纸，我把领袖头像、语录和政治事件与民间剪纸图案纹饰结合起来，剪在一张红纸上，找到了民间剪纸新的生存空间，创作出《以学为主》《红心向党》《雷锋在我们身边》等作品，有些在报刊上发表，有些后来出现在我的剪纸集里。翻看这些剪纸让我十分感慨，这段十年左右的经历对于我来说是一种难得的历练，剪纸在“文化大革命”中没有与我疏远，反而加深了我对它

1982年至1998年，担任庄河市政协常委参政议政

的好感，坚定了我要剪出点儿名堂来的决心。

另一件事是我的婚姻。我与老伴儿王玉良相识，是因为县领导要求我为他撰写的一篇反映山乡水利建设的报告文学配插图。他的文章写得很好，我的配图也不错，文图并茂，出版后轰动一时。王玉良当时在县文化馆当文学辅导员，是辽宁大学中文系毕业的高才生，人长得高大俊朗，有才气，是不少女青年追求的对象。为他的文章配插图时，我也到了谈婚论嫁的年龄，论工作、论人品、论容貌都不在人下，也有不少人给我介绍对象，但我的择偶标准是非大学生不随，非志同道合者不嫁。在与王玉良的多次交往中，我对从省城来的这个大学生印象很好，认为他是一个和我有共同爱好和语言的、可以托付终身的人。那时，王玉良经常骑自行车到我工作的学校，我就拿出我的绘画和剪纸让他看。我在县一中画的《毛主席挥手我前进》的大幅壁画，他还偷偷地跑去看，看画也看人。他是有文化的人，见多识广，对我有些敬佩，我们互有好感，终于走到了一起。现在，两个儿了事业有成，两个儿媳都很孝顺，孙女孙子都跟我学剪纸，儿子儿媳都支持我参加剪纸活动，我的家庭美满幸福，没有后顾之忧。我的家人都因为我剪纸而自豪，有一年，小孙女在旅游车上对她不认识的游客说俺奶奶是个大人物，见游客不解，儿媳妇解释说我婆婆是有名的剪纸艺术家。她们回家学给我听，我很开心。

与王玉良的结合仿佛是上天对我的眷顾，是我剪纸人生中又一件值得庆幸的大事。从那以后，我的身边不但有了一个知冷知热、相濡以沫的人生伴侣，还有了一个时常开阔我的思路、点评我的作品、不断鼓励我认清自身价值的良师益友。我的文化素养毕竟不如他那样深厚，对中国传统文化的理解也不如他那么系统和深刻，他为我的剪纸领域开辟出一片新天地。几十年来，老伴儿全心全意地支持我的剪纸创作和剪纸活动，不管是在县文化馆当辅导员，还是在电大当校长，或是担任庄河市人大常委，再忙再累他也要为我创造出一个良好的剪纸环境。退休后，他自费陪我到全国各地参加剪纸展览和大赛，在各种场合为我的剪纸表演服务、助威，在北京奥运会祥云小屋和许多艺术节、展览会上都能看到他为我忙碌的身影，他为我购买的资料、书籍和拍摄的资料非常多，装满了几个大书柜。他以一个文化人的视角，以及对庄河地域文化的理解，用文字解读我的剪纸，我俩共同撰写了许多关于剪纸的论文发表在专业期刊上，获得多个奖项，其中《中国剪纸十大特征》获第八届中国艺术节组委会颁发的论文金奖，《大连剪纸艺术节策划方案》获2007年大连市文化活动创意大赛三等奖，并被庄河市政府采纳，成为庄河成功举办全国剪纸展的蓝本。老伴儿最懂我的剪纸，是我的后勤部长和坚强后盾。

教学工作三十年，我没有虚度，有很多收获。我的工作、家庭都很如意，我还参加了许多社会活动，就剪纸来说，我培养了不少剪纸人才，培训出了几代美术老师，我自己也通过下乡采风和坚持创作，积累了许多经验，大大提高了自己的剪纸技艺，这些都为我退休后的发展做好了准备。

这期间还发生了一件有趣的事。不知什么原因，我们七姐妹中只有我左手用剪子，有人说左撇子的人手巧，可是用起剪子来跟别人不一样，别人看着别扭，我也觉得不好使。市面上卖的剪子都是为右手用剪子的人制作的，我跑遍商店也买不到左手用的剪子，我知道浙江有一家张小泉剪刀厂，有一天心血来潮便给厂家写了一封信，希望他们能为我特意打造一把左手剪子，厂子没有给我回信，剪子也没有着落。多年后，我的左手右手都能用剪子了，左手剪子和右手剪子对我已经不重要了，张小泉剪刀厂却与我联系上了，在我到上海世博会表演剪纸之前为我邮来了六把左手用的剪子，还在剪子上刻上了“赠给韩月琴老师”的字样，也许他们是看到我在北京奥运会祥云小屋里表演剪纸才想起了我。

参展参赛国内行

1996年我从庄河第三十中学退休了，立即把全部精力投入到剪纸创作中来。时间充裕了，负担减轻了，我可以放开手脚全力以赴地剪纸了，我也开始考虑走出庄河开开眼界，崭露头角了。

机会来了。1997年，也就是退休的第二年，大连市文联民间文艺家协会举办中日（大连·名古屋）剪纸联展，庄河文化馆选送了我的十七幅剪纸，有的是旧的，有的是新的。没想到全部入选，我的作品得到很高评价，在大连和日本名古屋展出后又在日本各地巡展，听说反响很大。在这之前，我也曾走出校门，参加过省内外剪纸展览，获过奖，但都是抽空创作，偶尔为之。

2000年，大连电视台邀请我在《久久合家欢》节目上表演剪纸，与市民互动。我把二十五张大红纸铺在地板上，粘连起来，用了三天时间，剪出一幅双龙戏珠剪纸，起名叫《大连千禧同乐·北方明珠生辉》。我带着老伴儿、儿子、儿媳、孙女和四名弟子在舞台上一边剪《招财进宝》《抓髻娃娃》，一边展开剪纸长卷。这幅剪纸长卷有电影屏幕那么大，两条巨龙在众多大连标志性风景的衬托下，在波涛中上下翻飞，气势壮观，令观众惊叹，大连市民多年后还对此津津乐道。2005年，大连市文联为我举办韩月琴鸡年百鸡剪纸展，我在半个月时间内一口气剪出一百只形态各异的大鸡小鸡、公鸡母鸡，观者无不称奇。两年后，大连市文联又为我举办了猪年百猪剪纸展，一百头不重样的农家猪憨态可掬，吸引了不少人来观看。2005年，我的十幅剪纸入选辽宁剪纸展，有两幅获金奖。同年，我还参加了辽宁省第四届少数民族美术展获优秀奖，参加辽宁省反腐倡廉书画作品展获优秀奖。2006年，我在沈阳、杭州、武汉，分别斩获两金两银一铜。我的剪纸《和谐奥运》荣获金奖，中央电视台在介绍艺术节时说这幅剪纸是“民俗与现代完美相结合的佳作”，另一幅作品《喜

2007年，在家中教孙女王紫微剪纸

相逢》刊登在第八届中国艺术节的大幅宣传海报上，在全国张贴宣传。2008年，我在北京、山东高密、黑龙江、福建、辽宁昌图，获得两次金剪刀奖、两次金奖、一次银奖，并入围“山花奖”。2009年，我在吉林、沈阳、浙江获一金二银。2010年，我在淮南、济南、沈阳故宫，获两项金奖。在济南召开的首届中国非物质文化遗产博览会上，两名联合国教科文组织的官员看了我的剪纸觉得不可思议，他们不相信这是手剪出来的，于是我当场拿起剪子剪出两幅相赠，他们拿到手上才信了。

这一年，我和老伴儿王玉良一块儿到河北蔚县参加中国文联和中国民间文艺家协会举办的首届中国剪纸艺术节，组委会为我安排了一间展演室，不少人来看展品、看表演。蔚县是刻纸之乡，这里的人对我的手剪剪纸很感兴趣，评价很高，纷纷拍照录

与老伴儿王玉良到沈阳参加文化遗产日活动，与省非物质文化遗产保护中心领导合影

与大连市文化广播影视局文化处和大连市群众艺术馆领导参加省外剪纸交流活动

与大连市群众艺术馆、大连市非物质文化遗产保护中心领导向广东省非物质文化遗产保护中心考察团赠送剪纸

与老伴儿王玉良参加韩月琴《吉祥剪纸》首发仪式

带领家族成员、亲传弟子李佳怡参加文化遗产日活动

2011年，获第十届中国民间文艺最高奖——“山花奖”

像留资料。艺术节闭幕前，当地文化局局长挑选购买了我的十三幅剪纸，收藏在即将在蔚县落成的中国剪纸博物馆。令我感到特别荣幸的是，在千余幅参赛作品中经评审团无记名投票，我的一组四幅剪纸被评为艺术节十大金奖之一，评审团从中又评出四幅作品报批“山花奖”，我的也榜上有名。一年后，经中宣部批准，我终于在获得大连市政府最高文艺奖（终身成就奖）“金苹果”奖之后的同一年，获得了我梦寐以求的中国民间文艺最高奖——“山花奖”。

2011年，我在山西、辽宁北镇、上海，获金巧手奖、金奖。2013年和2014年连续两届在辽宁省文联举办的剪纸展中获金奖。

我在国内到处参展参赛的同时，创作的剪纸作品也纷纷被《中国文化报》《光明日报》和许多省、市报纸选登，被《中国剪纸艺术报》《中国剪纸》《剪纸艺术》《剪纸报》等许多专业报刊选登，总数估计有数百幅之多。我创作的几十幅作品入选了《中国当代剪纸名家作品集》《中国当代工艺名家名作选粹》《中华首届现代剪纸精品作品集》，以及由辽宁省委、省纪委编撰的《清风廉韵——

纪念建党九十周年廉政文化作品集》，在由辽宁大学出版社出版、全国发行的《韩月琴吉祥剪纸》收入我千余幅作品。

不算在庄河和大连地区举办的展览和比赛，退休后我已经去过二十几个省市，大江南北、长城内外都留下了我参展参赛和表演剪纸的足迹，所到之处都受到当地剪纸爱好者的欢迎和热情接待，获得了许多奖项，交了不少朋友，受到不少行家指点。我在展示作品和技艺的同时也开阔了眼界，学到了很多东西。年年奔波于各省市之间很是辛苦，需要带足药品，带足路费，投入很大精力。为了构思出一幅满意的剪纸图案，我常常晚上睡不着觉，半夜起身，又画又剪，挂在墙上，反复端详。在火车和飞机上，也想着剪纸，常常坐立不安，心神不宁，但是创作带来的欢愉、展示成果和获奖的喜悦往往使我兴奋不已，忘记了疲劳。特别是想到我能通过自己的剪纸活动让人们认识、了解和喜爱庄河剪纸，使庄河剪纸在中国剪纸界有了应有的地位时，我就很高兴、很满足了。

参加辽宁省文代会与省民间文艺家协会领导及作家合影

与中华文化促进会剪纸艺术委员会领导在澳门参加文化交流活动

2010年，在大连现代博物馆举办个人剪纸展览

传统现代两相宜

我在2005年写了第一篇剪纸论文，题目是《继承传统，勇于创新》，随后又与老伴儿合写了多篇论文，谈论目前中国剪纸的现状和面临的问题以及应对思路。传统与现代、民俗与创新是我在剪纸创作中始终绕不开的话题，通过多年的实践，我现在已经初步形成了自己的创作理念，并有专文论述。但是我还想在自传中从另一个方面说说我的感悟，因为这对我的剪纸创作很重要，也是我一段很重要的人生经历。

“文化大革命”以前，我的剪纸明显是老辈人的剪纸风格，我也试图从模仿中走出来，但是总也走不远，因为根深蒂固的庄河剪纸传统既为我的剪纸创作打下牢固的基础，也使我的剪纸受到束缚。

从1966年到1976年，我的剪纸时代色彩强烈，与传统剪纸有所不同，但严格上说，那是服从政治运动的需要，算不上创新。

改革开放以后，我的思想解放了，真正意义上的创新开始走进了我的剪纸创作中。

我是在2007年被大连市文化局评为大连市非物质文化遗产项目庄河剪纸传承人的，后来又成为国家级非物质文化遗产项目庄河剪纸的代表性传承人，作为传承人，我当然要坚持传统，保留和传承庄河剪纸的原生态。因为有家传，也因为从未离开乡土，我很容易地继承了庄河剪纸和中国剪纸的创作理念和各种传统的寓意手法，以及图案、纹饰，对长期以来流传于民间的几十种典型剪纸图案，如《蛇盘兔必定富》《金玉满堂》《喜鹊登梅》等，我都能随手剪出。我仍然沿用传统的剪纸技法，化繁为简，抓住表现对象的典型特征，夸张、变形、阳剪阴剪结合，线条明朗，曲直自然，剪出层次感，特别是会运用“随心走”的古老剪纸手法，想怎么剪就怎么剪，边剪边创作，尽善尽美，即便是同一题材，图案也不完全相同。老辈人、老传统的剪纸花样和剪纸技法已经深深刻印在我的脑子里，想忘都忘不掉，忘掉了，我就不会剪纸了，这些剪纸符号和剪纸语言就是传统，就是原生态。

但我一直在思考剪纸的创新问题，我认为剪纸是有生命的，生命是不断成长的，没有改变和发展就难以生存，特别是在新形势下。

到了2000年，我剪出了第一幅我比较满意的创新型剪纸。那是在澳门回归一周年前夕，我用牡丹、莲花、喜鹊、阳光、一对母子构图剪出了一个小男孩投向母亲怀抱，母亲拥抱并深情地凝视孩子的《新世纪母子图》剪纸。在传统剪纸中，团花应用很广，象征团圆、团结、完美，牡丹寓意雍容华贵，莲花寓意连年长久，而在现代人的观念中，母亲象征祖国，小男孩象征澳门。我把这幅剪纸邮寄到澳门，时任特首何厚铧签名回信答谢，国内多家媒体刊登报道，该作品的复制品目前收藏于大连现代博物馆。2007年和2008年，为迎接北京奥运会，我创作了好多幅迎奥剪纸，在团花剪纸《和谐奥运》中，我用蟹取“谐”音，寓意世界人民大和谐，用牡丹、莲花、祥云等寓意吉祥，而用地球、五环、福娃、中国印和拼音字母等有特定含意的新事物来突出表达剪纸主题，比《新世纪母子图》增加了更多的时代元素，但是它的谐音、比喻和象征等寓意手法和吉祥纹饰的运用仍然是传统的。

我在国外表演剪纸时会着重表现中国剪纸的传统美，会在非物质文化遗产博览会和文化遗产日上充分体现庄河剪纸的原生态魅力，我会在典型的传统剪纸图案中增添和删减，强调某一个主题的表现力，会在鸡身上剪鱼，鱼身上剪莲花，莲花上剪出蝴蝶，猴长双身，狗头开花，会把十二生肖与人、与十二种鱼分别搭配剪出来，表示对不同对象的吉祥祝福，也会在汶川地震后剪出《情系汶川》剪纸，在党的“三农”政策见成效时剪出《老来福》《办年货》《吉庆有余》等新窗花剪纸，在向雷锋学习的浪潮中剪出《学雷锋》剪纸，这类带有创新色彩的剪纸最受现代人喜爱。2010年，在大连市举办的“发现最美大连·双十魅力”的市民投票评选活动中，“韩月琴剪纸”得票最多，获特别奖，有人在报纸上写文章，说我的剪纸是“大连传统文化的名牌，也是

在大连市“发现最美大连·双十魅力”市民投票评选中，“韩月琴剪纸”获特别奖

现代大连最有魅力的一道人文风景”。

坚持传统和勇于创新二者并不矛盾，民俗与现代相结合更是美不胜收，关键是如何坚持，怎么结合，怎样才能做到传统现代两相宜，这恐怕是所有中国剪纸人今后都要面对的问题，也是当前剪纸界议论的焦点。我要继续用我的剪纸来寻找正确答案。

传承路上心舒畅

我有一个很大的心愿，就是把庄河剪纸继承下来，传承下去，特别是当我看到中国传统文化不断受到冲击、剪纸传人稀缺这一现状以后。在国家将我评为庄河剪纸的代表性传承人和庄河剪纸领军人物，给了我很多荣誉之后，我觉得我的责任更重了，行动也更自觉了。退休后，我参与筹备和创立了庄河剪纸学会，并担任会长至今，参与组织了庄河市和大连市许多剪纸活动。2005年当选为大连市中小学剪纸分会会长，2007年当选为辽宁省剪纸学会副会长，并被大连市民间文艺家协会和大连市民俗文化促进会聘为顾问，是中国民间文艺家协会和中华文化促进会会员，参与和组织了许多省、市剪纸展览和比赛以及交流活动，弘扬传承庄河剪纸文化。

我首先把传承活动的重点放在家族传承方面。我走遍了兄弟姐妹和他们的孩子家，不管是节假日，还是办喜事、过生日，带着剪子和红纸，一有机会就教他们剪纸。晚辈们都愿意让我教他

参与筹建庄河剪纸学会并担任会长至今

担任辽宁省剪纸学会副会长，在工作会议上发言

2006年，兄弟姐妹九人在庄河海边的露天大院举办韩氏家族剪纸展

们描花样，教他们技法，我还会在聚会时组织他们互相比赛，看谁剪得好，剪得快。2006年秋天，我们在庄河海边的露天大院里举办了第一次由全体家族成员参加、四辈人都有剪纸参展的剪纸展，五百多幅剪纸贴满墙，十分红火。我经常带着家族成员参加省内外剪纸展演活动，什么样的大场合我们都去过，电视台、晚会、展览会我们也都是常客，我还积极推荐家族成员的剪纸作品在各级报刊发表，参加展览和大赛，获得了许多奖项。自从国家设立了文化遗产日以来，我每年都要带着家族成员到沈阳或大连参加活动，展示作品，表演剪纸。在大连市家族剪纸活动基地成立以后活动更是频繁，效果也很明显。

2009年，我带着孙女、孙子到上海世博会，祖孙三人共同表演剪纸，与来宾互动，接受中央电视台和上海多家媒体采访。回

带领外孙女王桐予在中央电视台《欢乐中国行·走进庄河》的露天大舞台上向全国观众表演剪纸

来后，又带着外孙女王桐予在中央电视台《欢乐中国行·走进庄河》的露天大舞台上向全国观众表演剪纸。国家人口和计划生育委员会在大连召开工作会议时，我带着十多个晚辈从百里之外的庄河赶到大连棒棰岛会场，每人在台上剪出一幅宣传优生优育的剪纸，随后大连市人口和计划生育委员会又用我们家族的剪纸出版了计生挂历。

我出版剪纸集的时候，收入了家族成员的四十一幅剪纸。出书前，我在庄河街头看见了大姐女儿的孙子于金池在玩耍，就问他："太姨姥出书，你剪一幅放进去好不好？"他立即用我随身带的剪子和红纸在路旁剪了一幅《双牛图》。看见自己的剪纸被印在书上，小家伙高兴极了。庆祝建党八十周年时，我参与组织大连市剪纸专题展，他剪了一幅《我爱党旗》剪纸，叫大人装裱好，求我带去参展和比赛。我还有个小重外孙，见了我就喊，我要剪纸！我要剪纸！在文化教育部门号召剪纸进校园以后，我经常带着外甥女走进沈阳市的高校，也多次和二姐走进大连市的高校。2013年以后，我和多名家族成员又先后共同创作了《庄河系列风光》和《“十二运”系列》剪纸。

庄河市政府和大连市文化部门非常关心和支持我们家族传承剪纸活动，授予我们“剪纸之家”牌匾和剪纸传承基地之名，相关领导还隆重主持了我收家族中的晚辈作为我亲传弟子的拜师仪式，省、市非物质文化遗产相关部门的同志经常来看望和指导，各级领导都鼓励我把家族传承剪纸工作做好。这引起我认真思考。2011年，在到上海参加剪纸论坛之前，我回顾总结了我们韩氏家族几代人传承剪纸的经验，写了论文《论家族传承剪纸的不可替代性》，宣读后被非物质文化遗产保护中心的专家认可，收入论文集中。《文化月刊》《中国剪纸》《剪纸艺术》《剪纸集》《中国剪纸艺术报》等报刊都用较大篇幅介绍了我们家族传承剪纸的活动情况。我手中有一份特殊的家谱，上面记载着几代剪纸人的姓名，我对他们的剪纸水平都了如指掌，我的兄弟姐妹和他们下几代人都愿意和我一道，共同把家族剪纸传承下去。

在庄河市兴达街道小河东小学剪纸活动基地指导师生剪纸

与庄河市文化馆领导和亲传弟子——外甥媳妇陈莉在庄河市兴达街道小河东小学剪纸活动基地辅导学生剪纸

在庄河市徐岭镇中心小学教学生剪纸

在高新园区凌水小学与剪纸活动基地校领导和老师合影

与辽宁省非物质文化遗产保护中心领导在甘井子区蓝城小学剪纸活动基地调研

在旅顺口区前夹山小学剪纸活动基地辅导师生剪纸，参加学校文化艺术节活动

在甘井子区博思小学剪纸活动基地辅导师生剪纸

在花园口经济开发区实验小学剪纸活动基地辅导师生剪纸

带领凌水小学、蓝城小学、前夹山小学等剪纸基地师生向市民表演剪纸

带领小河东小学、前夹山小学、蓝城小学、刘家桥小学、黑石礁小学、凌水小学和二十九中师生在大连图书馆表演剪纸

在花园口经济开发区举办美术老师和市民剪纸培训班，筹建花园口剪纸学会

与亲传弟子凌水小学剪纸基地负责老师丛淑红为上海世博会共同创作千余幅《海宝鱼》剪纸

在沙河口区刘家桥小学剪纸活动基地辅导老师剪纸

创建大连市第二十九中学剪纸活动基地

我传承剪纸的另一个重要途径是在学校建立学生剪纸活动基地。2006年，甘井子区凌水小学（今高新园区凌水小学）请我去辅导师生剪纸，看到校长和美术老师的积极性，我立即决定在这个学校创建剪纸活动基地，因为我曾经在学校教了三十年剪纸，深知传承剪纸、传承中国传统文化最好的办法是从学生抓起、从学校开始。我教他们剪纸，还带着师生参加社会上的剪纸展览和比赛。年底，经大连市委宣传部和文化部门考核，凌水小学被命名为大连市百个特色文艺活动基地之一，是唯一入选的学校学生基地，吸引了省内乃至国内很多人来参观学习。我把这个学校当成我的试验田，推广他们的管理和活动方式，至今已经陆续建立了旅顺口区前夹山小学、甘井子区蓝城小学、庄河市小河东小学、庄河市徐岭镇中心小学、沙河口区刘家桥小学、大连开发区青松小学和大连市第二十九中学等学校剪纸活动基地，正在筹建花园口中心小学剪纸活动基地。我在这些学校里担任辅导老师和活动顾问，鼓励和带动他们走出校门参加社会活动，见世面，开眼界，通过剪纸了解和热爱中国传统文化，配合学校对学生进行美育教育，涌现出了许多优秀的剪纸爱好者。最突出的一次是在2012年，我应中国妇联儿童工作部和中国妇女儿童博物馆邀请，在我辅导的小学生作品中选出百余幅剪纸，参加在北京举办的首届中国少儿剪纸展，最终入选九幅作品，分获金、银、铜奖，获奖作品入选了《童趣飞扬》画册，使大连成为入选和获奖最多的城市。我带领师生参加的省内和市内活动就更多了，基地师生的剪纸积极性越来越高了，越来越欢迎我到他们那里去，只要有学校请我去辅导剪纸，无论多么忙，即便是身体不舒服，我也要去，就像退休前到学校上班一样。我培训过几代美术教师，培训了许多剪纸人才，直到七十多岁以后，我还在庄河市、在大连花园口开发区，举办过多次教师和市民剪纸培训班，少则三五天，多则六七天。2015年，我应大连市西岗区教育局邀请，在寒假期间培训了全区的美术教师。2012年，我参加了由中国妇联儿童工作部举办的全国少儿剪纸教学研讨会，宣读了我撰写的论文《剪纸——美育和传统文化教育的有效载体》，之后，收入论文集中，《光明日报》摘要刊登。

除此之外，我还于2010年在星海湾街道星北社区创建了大连市第一个社区市民剪纸活动基地，然后又筹建了新希望社区剪纸活动基地，我不但得到了街道社区领导的支持和市民的欢迎，还得到了前来视察的省、市人大和文化部门的赞赏和推广。

在传承剪纸的过程中，我发现剪纸最为群众所喜闻乐见，在满足人民群众精神文化需求上能发挥一定的娱乐和教化功能，于

与大连市人大和大连市民间文艺家协会领导在社区剪纸活动基地参加剪纸活动

是有了用剪纸为社会服务的想法。

从2006年到2013年，我每年都要精心创作一张当年的生肖剪纸，再剪上大“福”字，由大连晚报社印制，随报纸发送到千家万户，每年都要创作六七幅当年的生肖剪纸在《大连日报》上发表，增添喜庆气氛，供市民欣赏。每当大连市政府和文化部门举办大型活动，如服装节、赏槐会、夏季达沃斯论坛、中外文化交流等活动，我都会去表演剪纸。电视台等新闻媒体、街道社区、企业、庙会、晚会需要我，我也去，不管是国际友人还是国内人士，只要向我要剪纸，我都愿意给，立即动剪，立等可取。2009年，中国音乐界在北京人民大会堂举办纪念《梁祝》创作诞生五十周年大型音乐会，我应邀前往，在赶赴北京的火车上连夜剪出六十多对比翼双飞的蝴蝶，由主办单位赠送给贵宾。我还担任过中国民间文艺家协会编撰的《中国剪纸名人大典》副主编、“魅力庄河文化丛书”《庄河民间剪纸》责任编辑，参与编撰《中国大连年文化精品集》等书刊，尽心尽力展示大连的剪纸风采，让大家得到美的享受。

我在大连市参与创建和谐社会时，剪出了《和谐大连》剪纸，在迎接北京奥运会时剪出了《神州迎奥图》《新奥运，新腾飞》等多幅剪纸，在国庆节和党的生日，在文化遗产日，都会剪出相应的剪纸。2014年，我创作了大幅团花剪纸《传递核心价值观》，被《大连日报》刊登在头版头题，获得各方面好评。我还参加了许多公益活动，如汶川地震后，我剪纸拍卖，捐款救灾……

2011年，辽宁省文联、省民间文艺家协会将我家命名为辽宁

拍卖剪纸作品向希望工程捐款

省民间艺术家工作室，我和老伴儿装裱了百余幅剪纸，挂满四室两厅的墙壁，买来成捆的红纸和几十把剪刀，配备了数千册资料书籍，热情接待前来参观学艺的剪纸爱好者。

最近几年，我开始考虑发展文化产业方面的问题。2013年，我出席了辽宁省发展文化产业座谈会，省领导在会议上希望我能带个头。现在我已经把“韩月琴剪纸”和建立庄河韩氏家族剪纸博物馆作为庄河市旅游文化创意产品项目的申报材料报给庄河市政府，“韩月琴十二生肖剪纸”已经成为庄河市人民评选、庄河市政府确认的庄河文化旅游品牌。我愿意在有生之年带领更多的庄河剪纸人再立新功。

我曾经多次说过，党和政府授予我庄河剪纸代表性传承人的称号，我就要做出个传承人的样子给大家看看，我传承剪纸不为名不牟利，完全是自觉自愿，而且持之以恒。实际上，在传承剪纸、用剪纸为大家服务时我的心情也十分舒畅，可以实现我的人生价值，把生活过得更充实、更有意义。也因此获得了十几项荣誉，出席过辽宁省文代会，获得过大连市“三八”红旗手称号，获得了由中华文化促进会剪纸艺委会和中国民间文艺家协会剪纸艺委会等国家剪纸权威组织颁发的中国剪纸特别贡献奖、中华剪纸优秀组织辅导奖，以及辽宁省文化厅授予的辽宁省优秀文化志愿者和中国文化部授予的全国优秀文化志愿者称号。

走向世界传吉祥

2008年8月8日，北京奥运会开幕了，第二天，我坐在与鸟巢毗邻的奥林匹克公园祥云小屋内，转动剪刀，向来自五湖四海的游人表演剪纸，讲述中国故事。许多肤色不同的外国游人围拢在我身边，连连惊叹。国际奥委会的一位美国女官员闻声走来，凝神注视，当我从翻译口中得知这位女官员按中国习俗属鼠时，就很快为她剪出一张生肖鼠与她的头像剪影相结合的大红剪纸赠送给她。她捧在手上再三端量，看懂了我的美好祝福，情不自禁地抱住我拍照并掏出签字笔留念。其间，不断有外国女孩请我教剪纸，不少外国人过来拍照录像。奥运会和残奥会结束后，北京奥组委和中国文化部颁发给我一个大红证书，上面写着："作为北京2008奥运

2008年，在北京奥运祥云小屋用剪纸讲述中国故事，向奥委会官员赠送剪纸

在北京奥运会和残奥会表演剪纸后获得北京奥组委和中国文化部颁发的奖励证书

应邀带领儿子、儿媳、孙女、孙子在上海世博会上表演剪纸

在上海世博会上接受中央电视台记者采访

会参与者，你的出众才华和完美工作使得‘中国故事’文化展示活动圆满成功，为中国文化与奥林匹克文化交流弘扬做出了积极贡献，特授此荣誉证书予以表彰。”我回到家乡大连，经常拿出大红证书对别人说：“看！我也得到一块‘奥运会金牌’！”

2009年，我带着孙女、孙子到上海世博会表演剪纸，共同接受中央电视台和上海多家媒体采访，现场创作的《海宝鱼》剪纸被组委会当成标志图案广为宣传。我们一家人吸引了众多外国游人的目光，有人当场拿起我的剪子跟我们互动，说中国剪纸真了不起。

在国内的许多对外文化交流中，我都会用剪纸展现中国传统文化，我的剪纸也由外国友人带到世界各地。

如果说在异国他乡我的剪纸和技艺表演是在传播中国传统文化，表达中国人民的友谊，为国争光，那么，我到澳门、台湾就是为了传递骨肉亲情和同胞心意。

我通过剪纸与澳门有联系可以追溯到十五年前，澳门回归一周年之际我剪了一张大幅剪纸《新世纪母子图》相赠。2008年，应澳门、沈阳文化交流协会邀请，我随沈阳《满风神韵》演出团到澳门参加文化公益活动。我的年龄最大，带的物品也最重，旅行箱里装了三百张大红纸和四五把新剪子。在澳门十天，我走了十一个地方，随团拜访了葡萄牙、安哥拉等国驻澳门领事馆，赠送了剪纸。我每天表演三四场，坐在车上剪，晚上在宾馆剪，预备赠送给澳门同胞。在澳门驻军军营，我赠送了头一天晚上剪好的《长城莲花图》剪纸，中间还剪上“献给最可爱的人”几个大字，香港有位慈善家看了我的表演立即邀请我到香港参加他举办的慈善活动。从澳门回来后，我腰酸背痛，躺在床上，几天后才恢复过来。

2011年，我应邀随辽宁省政府代表团赴台湾访问，我在台北、台中、台南表演剪纸，赠送剪纸，切身感受到两岸人民的兄弟情谊，每一天都很忙碌，都很兴奋。在台北，我剪了一幅《腾飞的中国龙》赠送给台北市市长郝龙斌先生，海峡两岸都是龙

2008年，应澳门、沈阳文化交流协会邀请，赴澳门表演并赠送剪纸

2011年，应邀随辽宁省政府代表团赴台湾访问，在台北、台中、台南表演并赠送剪纸

2002年，在日本表演剪纸

的传人，郝龙斌的名字里又有“龙”字，现场观众看了拍手叫好，场面很是感动。回到大连后，我收到了辽宁省文化厅为我颁发的奖励证书。

有人说我是大连地区在改革开放后带着剪纸艺术走出国门的第一人。改革开放不久，我随着大连市政府组成的首个民间艺术团出访日本，我是团里唯一的剪纸艺人，在那次有世界沿海各国艺术家参加的山阴梦港博览会上，我让许多外国人见识到什么是中国剪纸艺术。有一天，三个日本妇女徘徊在我的表演台前不肯离去，我就给她们每个人剪了三只面带表情的猴子，分别是“不说”“不听”“不看”，相当幽默可爱，三位女士喜出望外，相视而笑，又跟我合影留念，又留地址，希望再见。一位身有残疾、学者模样的人，天天从很远的住处来帮我擦桌子，维持秩序，拍摄了不少资料。还有一位七八十岁的日本老人坐着轮椅到我身边向我讨要一幅北京天安门的剪纸。不少新闻媒体采访我，称我是“中国第一女红”“神州神剪”。后来，我的剪纸在日本各地巡回展出，再次引起关注，日本文化部门和企业，以及中国驻日福冈领事馆都曾向我发出邀请，所以，我又先后六次赴日表演剪纸，展示作品。2005年，日本爱知县举办世博会，我在中国馆表演剪纸，把中国剪纸艺术完整地呈现在世界最大的展示窗口。

2008年，我创作了二十多幅十二生肖剪纸作为礼品被大连市市长带到韩国，参加“大连周”活动，受赠者无不喜爱，我的名字也在韩国引起关注。两年后的2010年，韩国方面发来邀请，请我到韩国参加安东市举办的国际假面舞狂欢节，我不负众望，表演剪纸为狂欢节增添不少光彩。

2012年，我应邀随辽宁省文化代表团到俄罗斯伊尔库斯克参加中俄文化交流年活动，俄罗斯人对大连很有感情，我在转瞬间剪出那么多花样的剪纸也让他们感到不可思议，当场求教的人很多。

近年来，我不断地接到国外的来信来函，请我去教剪纸，有时因为家里不放心我独自出国，有时因为国内活动多脱不开身，我不能亲自到现场，但我尽量邮递作品过去，满足对方要求，所以，我的剪纸被许多国外博物馆、展览馆和各界人士收藏。

我在国外剪纸，不画草图，用的是中国传统的“随心走”的剪纸手法，表现的都是中国传统的吉祥如意主题，还可以根据他们的要求随意创作。我的展台前总是挤满了人，不断有惊叫声，

2010年，应邀参加在韩国安东市举办的国际假面舞狂欢节，表演剪纸

2012年，应邀随辽宁省文化代表团赴俄罗斯伊尔库斯克参加中俄文化交流年活动，表演剪纸

与大连市人大、文广局群众艺术馆领导和社区剪纸基地学员在“2015迎新春大连市民剪纸艺术展”会场

与庄河市委、市政府、市人大、市政协和市旅游局领导在展会上

与庄河市各级领导在剪纸传承基地授牌仪式上

大连市文联领导观看和鼓励韩月琴剪纸

不时有采访者，有的外国人看我剪得那么快、那么好，甚至捧起我的手仔细查看，以为跟别人的手不一样。

走向世界，是我剪纸人生中值得自豪和骄傲的一件事，我每次表演，身后的牌板上都有“中国·韩月琴”字样，我是代表中国向世界展现中国民间艺术的风采，弘扬中国剪纸艺术。我多次接受外国电视台和报刊记者采访，用剪纸表达出的吉祥寓意和我的善意善举，获得了国际友人送给我的“播撒吉祥的使者”和“友好文化大使”的美誉。

我有一个习惯从小一直坚持到现在，那就是每年年三十晚上，放完鞭炮，我就一个人静静地坐在桌子前，想一想新的一年里要干成几件事，要在哪些方面有进步，一条一条地理顺，写下来。在学校念书时是为了当个好学生，参加工作后主要是为了干好工作，包括怎样上好剪纸课和组织好校内外剪纸活动，退休后更多的是考虑如何创作出好的剪纸作品，怎样才能做好传承工作，这个习惯让我永不自满，不断进取，即便年过七旬，我也能像年轻人一样充满活力。

应邀参加“大连文化大讲堂”活动

剪纸艺术是我一生的追求，我把剪纸当成一项崇高的事业，手不释剪奋斗了半个多世纪，尽管有艰辛、有坎坷，但更多的是愉悦和欣慰，是满足和自豪。当我手捧“金苹果”奖奖杯和中国民间文艺最高奖——“山花奖”奖杯的时候，当我看到我亲手培养的几代剪纸人才茁壮成长的时候，当我在国外剪纸，展现中国民间艺术家风采，传播中国传统文化的时候，当我被提名为“最受尊敬的庄河人”，作为大连市年龄最大的文艺明星走进《文化星空》演播室的时候，我的心情难以言表。我的祖辈和父辈无论如何也想不到，他们的后人会因为剪纸而受到家乡人民的喜爱和尊重，会因为剪纸而得到国内外人士那么多的关注和那么高的评价，会因为剪纸而得到党和国家对我们的深切关怀和鼓励。很多人也是因为看了我的剪纸，才认识

在展会上受到省、市领导鼓励

中共辽宁省委常委、大连市委书记唐军在座谈会上鼓励韩月琴

与中共大连市委宣传部原副部长、大连市文联原主席张玉珠在文化遗产日留影

我、拜访我的。这不是我一个人的光荣，是庄河剪纸成就了我，是博大精深的中国传统文化和源远流长的中国剪纸艺术让我站稳了脚跟。一步步走来，我常想，过去的条件那么不好，有些剪纸艺人甚至吃不饱穿不暖，还能口传心授地把剪纸传到今天，我今天为什么不能把剪纸发扬光大，继续传承下去呢？我决不会辜负党和人民对我的期待，要在弘扬和传承中国剪纸的道路上永远做一个德艺双馨的人民艺术家，实现一个剪纸人的中国梦。

慧眼识珠

韩女士的剪纸每一幅都立足于民风民俗，色彩艳丽，喜庆吉祥。从本质上说，她始终没有脱离母体，是一位原生态的民间剪纸艺术家。同时，她也注重用传统技法表现现代内容，融入现代人的价值观和审美观。

吉祥使者韩月琴（摘要）

○ 赵光明

韩月琴女士的剪纸始终贯穿着一条红线，突出一个主题，那就是吉祥，因此在剪纸界素有“吉祥使者”之美誉。

她生活在辽南庄河剪纸之乡，那里的民风淳厚，民俗活动多彩而频繁，在家庭和社会的熏陶下，她自幼接受了原生态的艺术教育，也吸收了民风民俗中的吉祥思想，这是她的先天优势。她充分利用了这种优势和自己的聪慧资质，经过半个多世纪的勤奋努力和长年不倦的探索创新，脱颖而出，终于走上了一条通往民间剪纸艺术家的成功之路。她把剪纸作为表达自己吉祥思想和感情的载体，其吉祥剪纸的风韵和主题早已悄然孕育，至今已经自成一体、瓜熟蒂落了。

韩女士的剪纸每一幅都立足于民风民俗，色彩艳丽，喜庆吉祥。从本质上说，她始终没有脱离母体，是一位原生态的民间剪纸艺术家。同时，她也注重用传统技法表现现代内容，融入现代人的价值观和审美观。因此，她有不同于其他剪纸艺人的表达方法，给人以继承传统、推陈出新的感觉。我们从她创作、展出和获奖的众多作品中可以看出，民俗与现代相结合，是她近年来表现吉祥剪纸主题的一大亮点。

（作者系中国民间文艺家协会剪纸艺术委员会主任）

《牛年送福》

传承与创新（摘要）

○ 张树贤

新中国成立后，庄河涌现出一大批现代剪纸艺术家，韩月琴是其中的佼佼者。她是一位承前启后的代表人物，也是庄河剪纸界一位领军人物，她的作品风格属于传统与现代有机结合，具有传承性、原生态民间剪纸的特征，强调、突出了吉祥如意的主题，这一点，我们从她的十二生肖剪纸——《百猪纳福》中可以很直观地感受到。她吸收传统民间剪纸元素并大胆创新，利用传统的吉祥形象，加以变化，借用谐音、比喻手法并融入自己的创意，来自民间又高于民间。韩月琴是一位精品意识很强的剪纸艺术家，十分注重提升作品的文化层次和品位。她的剪纸构思奇巧，形神兼备，精益求精，许多作品都是带有主题内容创作的，这又是她拥有的一大难能可贵的优势。她潜力很大，有广阔的发展空间。韩月琴不是一般意义上的民间剪纸艺术家，她有深厚的美学修养，尤其是多次出国的经历开阔了她的思想和眼界，因此，她的剪纸从单纯的民俗形态走向多元发展，展现出民间传统剪纸艺术的现代神韵和与时俱进的当代剪纸艺术家的人文情怀，吻合了现代人的审美爱好，满足了各文化阶层人士的审美要求，所以她的作品在国内外广受欢迎，人人喜爱。我相信，她和她的剪纸艺术一定会百尺竿头更进一步，为中国剪纸做出更大贡献。

（作者系中华文化促进会剪纸艺术委员会主任）

《百猪纳福》

韩月琴的新民俗剪纸谈（摘要）

○ 秦石蛟

出身于民间剪纸世家的韩月琴，近年来创作了大量具有鲜明个人风格特点、雅俗共赏的作品，得到各方的高度赞誉。

韩月琴的剪纸是在继承民间剪纸传统基础上的创新之作，她的作品与以趋吉避凶为表达旨意的传统民间剪纸和以意志情感表达为目标的现代主题创作剪纸都有所不同，属于民间剪纸类型中具有较多创意的现代民俗剪纸，或称为新民俗剪纸。这种新民俗剪纸与传统民俗剪纸由于应用场合及创作旨意各殊，从内容到形式都有不同特点。

她不但将那些数千年来在群众中使用、流传的已经成为公共的群众意识符号，如贯钱、长寿、团寿、盘长、双喜等吉祥纹样，福、禄、寿、禧等吉祥文字，龙、凤、鸡、鱼、虎、猴、石榴、桃、荷花、牡丹花等吉祥图案继承下来，在自己作品中加以运用，而且还赋予它们新的意义，反映出一种新的时代特征。传统民间剪纸中鱼谐“余”，其意为富足有余，而她在《石榴藏玉》中则将鱼谐“玉”，虽然“玉”仍有财富的含义，但“玉”似比“有余”要更高一个档次。

在我的印象中，韩月琴经常穿着大红的上衣，虽已是八十开外的人了，说话办事、搞剪纸创作仍有一种当代知识阶层由于工作历练和学识造就的优雅风度，充满着乐观向上的激情。她的剪纸作品有着和她的精神面貌相同的潜质与外貌特征：光灿灿、火辣辣、红艳艳，辉映出时代的光彩。

（作者系中华文化促进会剪纸艺术委员会副主任、湖南省剪纸学会会长）

《石榴藏玉》

辽宁大地的一枝奇葩（摘要）

○ 王言昌

月琴老师是一个内向的人，话不多，但对剪纸艺术有独到的见解，这与她多年从事剪纸创作的经历和实践是分不开的。月琴老师的吉祥剪纸是运用现代思维，采用传统手法，结合民俗内容创作的一种很有装饰风格的剪纸。她的剪纸有厚重的民间剪纸韵味，又不失现代剪纸的气息，真正达到了雅俗共赏的效果。她的《雄鸡歌盛世》这幅剪纸作品，运用了阴剪、阳剪相结合的手法，画面中的雄鸡顶天立地采用阴剪，使主题非常突出，后面则用阳剪的牡丹花来陪衬，使这幅作品的装饰性达到了新的高度，也体现出她艺术修养的深厚。过去的民间老艺人大多都能用“随心走”这种手法来创作剪纸。所谓“随心走”，就是心里想的剪纸构图不用画稿子，直接随着想法剪出来，想怎么剪就怎么剪，怎么剪好看就怎么剪，现在真正能传承这种创作手法的人已不多了。月琴老师能把“随心走”这种手法传承下来很不容易，在国外的现场剪纸表演中，外国人惊奇地称其为“神剪”，为我国剪纸艺术争得了荣誉。

（作者系中华文化促进会剪纸艺术委员会副主任、山东省剪纸学会会长）

《雄鸡歌盛世》

认识韩月琴（摘要）

○许　可

2008年春节前，我推荐并邀请韩月琴同沈阳歌舞团原创音乐舞蹈诗画《满风神韵》演职人员赴澳门演出。我亲眼见到韩月琴现场表演剪纸，观众朋友说要啥，韩月琴就能够剪出啥来。她不用打稿，左手持剪刀，右手拿纸不停地转动，边说边剪，只听得嚓嚓几声，弯弯曲曲，剪刀走过，纸屑飘落，几分钟内，一页页龙凤或生肖，一个个夸张变形、神态迷人的花鸟鱼虫，呼之而出，飞落到观众手中。观众问她，能根据《满风神韵》剧情剪吗？我的心一下子提到嗓子眼，只见她将红纸叠成几折，剪刀尖扎进，转出太阳，剪出月亮，忽上忽下，咔嚓咔嚓，如锯齿将纸切下，几剪便停，像变魔术一样，打开即是一幅表现满族风情俏格格载歌载舞的剧照剪纸画面，令在场的人热烈鼓掌，赞叹折服！《澳门日报》评价说："精彩的满族文化表演，甚是难得，不仅使人们了解感受了满族风情风俗，而且还亲眼看见剪纸艺术家现场的神奇表演。"

韩月琴还是辽宁省著名剪纸活动家，她把她的剪纸艺术传播到海内外，使庄河剪纸在中国剪纸界有了应有的地位，也使庄河剪纸在全世界为大连市和辽宁省争得了荣誉，她是一位值得人们尊敬的民间剪纸艺术大师。

（作者系中华文化促进会剪纸艺术委员会副主任、《剪纸艺术》总编辑）

《猪年有福》

真正的艺术家（摘要）

——评剪纸艺术大师韩月琴

○ 段宝林

韩月琴的剪纸之所以动人，令人叫绝，爱不释手，就是因为其中有丰富的美感——强烈的、深厚的、崇高的、新颖的美感。

韩月琴的剪纸是真正的艺术。它的内容是美的，表现了喜庆吉祥的精神美，是广大人民最喜爱的；它的形式是美的，集中体现了千百年传承下来的中国传统剪纸艺术的精华。艺术家运用熟练的技巧可以随心所欲地把在生活中长期积累起来的美感巧妙地表现出来，她左手持剪，剪随心动，看似随心所欲，实则炉火纯青，特别熟练而与众不同，具有一种独特的美感，从六个维度上看，都是很美的。这六个维度就是：美感强度、美感高度（审美理想的高度）、美感深度（反映生活本质的深度）、美感广度（受众面的广度）、美感新度（独创新颖）、美感精度。韩月琴剪纸在内容与形式上是高度统一的，所以是受人喜爱的，符合孔夫子所说的艺术境界“尽美矣，又尽善也”。这才是真正的艺术！创造这种艺术的人，才是真正的艺术家！愿这种真正的艺术传之四海，传至永恒。

（作者系北京大学教授、中国民俗学会副理事长）

《福娃》

韩月琴印象（摘要）

○夏　秋

认识韩月琴是从她的剪纸作品开始的，见到韩月琴，是在我担任辽宁省民间文艺家协会秘书长之后。2007年辽宁省剪纸学会召开年会，当主持人念到韩月琴名字的时候，在会场的一个角落，她站起来，微笑地点点头。我看到一个端庄大方、有着艺术家气质的女士。会下，我和她交谈，韩月琴谦虚、随和，对剪纸艺术的传承发展有着深刻的理解和追求。这次见面后，我时常想起她，就像想起自家的一位大姐。2009年，在辽宁省农民文化节——辽宁民间艺术展开幕式上，韩月琴受邀在现场表演。她非常投入，一张红纸，三折五叠，一把剪刀，灵活地穿插于叠纸中，一会儿快速走剪，一会儿细心打毛，一会儿弧形，一会儿直线，一分钟的工夫，打开叠纸，展现出一幅翩翩飞舞的彩蝶，一剪就是五幅。围观的人们惊叫了起来，她把剪好的作品分给了观众，人们珍惜地拿在手中，满意地离开了，接着又有一拨人围了上来。

我曾带领韩月琴到河北蔚县参加由中国文联和中国民间文艺家协会举办的首届中国剪纸艺术节，正是在这次艺术节上，她的剪纸被评为十大金奖之一，一年后，又经中宣部批准获得中国民间文艺最高奖——“山花奖”。颁奖会上，掌声中，韩月琴站在领奖台上，高举奖杯，这一刻，我和所有认识韩月琴女士的人一样，从内心里为她高兴，也充满了对她的敬重和喜爱。

（作者系辽宁省非物质文化遗产保护工作专家委员会委员、辽宁省民间文艺家协会副主席兼秘书长）

《虎年生肖》

韩月琴剪纸的艺术魅力（摘要）

○ 王玉良

韩月琴的手工剪纸是中国剪纸艺术特色的完美体现，以粗犷、流畅、吉祥而著称，把剪纸魅力表现得淋漓尽致。

韩月琴剪纸是传统的艺术，从主题图案到表现手法都能找到前人的印迹，她巧妙地运用传统图案，表现出了对人生、爱情和幸福的追求，和谐快乐跃然纸上。

韩月琴剪纸是图腾的艺术，她用动物、植物和自然现象，进行夸张变形创作，使心愿得到满足，梦想得以实现。

韩月琴剪纸是吉祥的艺术，她的剪纸题材广泛，内涵丰富，寄托了中国人的向往和追求，与人们的心灵产生共鸣，把吉祥主题发挥到极致。

韩月琴剪纸是传承的艺术，她的剪纸师承家传，源远流长，她是原生态的民间剪纸艺术家，韩氏剪纸家族的剪纸艺术特征在她的剪纸中体现得最为明显，具有深厚的文化底蕴。

韩月琴剪纸是现代的艺术，她使民风民俗和现实生活完美结合，为剪纸找到了一个最恰当的融合点，既继承了传统，又产生了新意，扎根庄河，走向世界，满足了现代人的审美观和价值观。

（作者系韩月琴的爱人，教授、文艺评论家，曾任五届庄河市人大常委）

《双凤双猴》

好看的韩月琴剪纸

○ 刘益令

韩月琴女士在中国剪纸界声名鹊起时，有评论家问她："你衡量剪纸好坏的标准是什么？"她不假思索地回答："好看！"实际上，她的剪纸，中老年人爱看，青少年也爱看，中国人爱看，外国人也爱看，为了追求好看，她付出了大半个世纪的心血。好看是韩月琴一语中的、大智若愚的高度概括和精确定性。她说的"好看"，背后是一个有意为之而无与伦比的美妙世界。

好看的韩月琴剪纸有五个方面的美感。

一是地域特色之美

庄河位于辽东半岛、黄海北岸，集海、河、湖、山、田、林、泉、岛于一地，四季分明，处处清秀俊朗，是极易产生激情和灵感的钟灵毓秀之乡。庄河因河得名，据传庄庄有河，三百六十五条河流巧合三百六十五个村庄，上符天文地理，内蕴通灵吉祥，六千五百年前就有先人在此生息，创造文明。据2004

年统计，庄河有汉、满、蒙、回等十七个民族，少数民族中，满族人最多。就剪纸而言，《庄河县志》记载："剪纸艺术，很早即流传于民间广大妇女中。"另据考证，约从唐代开始，庄河就有剪纸，明、清开始流行，清末民初比较盛行，仙人洞上、下庙的宗教用剪纸饰品、古城街市纸坊等文化形态，以及长期以来在民间习俗、皮影、刺绣中的剪纸应用，都鲜明地体现出庄河剪纸深厚的历史文化渊源。韩月琴生于庄河，长于庄河，从未离开故土，她于1941年11月出生在如今已被誉为"辽南小桂林"、国家AAAAA级旅游度假区的冰峪沟一带，自幼便在山海之间接受大自然的熏陶和本土历史文化的影响。她的剪纸自然是有根之木、有源之水。

韩月琴的祖辈就是从山东闯关东来的，在背井离乡的同时，也把世代相传的剪纸手艺随身带来。到韩月琴拿得动剪子，在上两辈人的口传心授下学习剪纸时，这个家族的姥姥和母亲两代人因为家中开缸窑生产的需要和自娱自乐、社会交往的需要，剪纸已经成为生活之必需。韩家的山东剪纸与本地的少数民族剪纸已经有了密不可分的联系，这个外来家族日后与当地人家越来越多地结下姻缘，两地剪纸更是难分难解，已经带有血缘色彩。这就使韩月琴的剪纸有了深远的源头和绚丽的底色。一方面是齐鲁耕稼文化催生下的汉民族剪纸艺术，另一方面是关外游牧文化孕育的少数民族剪纸艺术，是山东剪纸艺术与本地以满族为主的少数民族剪纸艺术的融合，并因庄河海岛渔村众多而融入了渔家海洋文化。同时，庄河早期相对闭塞的地理条件和庄河人根深蒂固的剪纸观念，也使韩月琴的剪纸呈现出遗存相对完整的原生态特征。

与中原和西北的剪纸相比，韩月琴剪纸多了以满族为代表的东北少数民族剪纸的艺术风格，多了渔家海洋文化的韵味；与南方江浙一带的剪纸相比，又多了白山黑水剪纸中的粗犷和豪放。这种得天独厚的地域优势可遇不可求，可以说是上天的眷顾成全了庄河剪纸，也成全了其传承人韩月琴。

韩月琴剪纸从启蒙那时起就具备了很多的创作优势和发展空间。人们在评论艺术家的优秀作品时常说的一句话是“地域特色鲜明”，韩月琴剪纸的与众不同，或者说独树一帜，正是在这种地域文化的背景下凸显出来的，薄薄的一张红纸因为有了深邃的地域文化底蕴而有了深刻，有了厚重。这也与韩月琴超人的悟性和恒久的勤奋分不开，否则她就不会从著名的剪纸之乡，从众多的剪纸高手中脱颖而出，成为公认的庄河剪纸的领军人物。

二是民风民俗之美

中国剪纸起于民风，缘于民俗，一直是民俗的载体之一。庄河恰好是一个民风淳厚、民俗活动非常频繁和活跃的地方，韩月琴的童年就是踩着这些民俗活动的鼓点儿度过的。看惯了乡间送亲迎亲情景，她就和姐妹们剪出各种“小媳妇人儿”举在手上追逐游戏；民俗节日中，她周身挂满母亲或自己亲手缝制的布艺吉祥物件走向人流熙攘的集市，走进香烟缭绕的大庙，在祭天、祭山、祭海、祭祖的神秘场景中感悟人生的精彩和图案、色彩的奥妙，浸润陶醉其中。此时，像她的姥姥和母亲一样，剪刀和纸张就成了韩月琴享受和表达美与快乐的抒情工具。

中老年以后，韩月琴更加迷恋家乡的民俗活动，热衷于赶大集、逛庙会，按部就班地依照传统习俗过好每一个传统节日，更加自觉地用剪纸来表现民俗中的具象和意境，既是应节、应时、应景，体现剪纸的民俗使用功能，又获得了自身生存信仰的满足。

因此我们在韩月琴的剪纸中到处可以接触到庄河民间习俗、民间风气的印记，如年俗、节俗、婚俗、寿诞俗、丧俗中的剪纸，以及生活习俗中的刺绣样子和信仰习俗中的雕花着色剪纸等。这印记有古典的传统意味，巧拙相济，发自她内心最本真的生活感受，具有明显的原生态的朴实性特征，是韩月琴剪纸保持原生态的源头，有了非物质文化遗产的传承价值，并与地域特色之美相得益彰，共同蕴含着古老的文化记忆。她数十年坚持民间采风，从中汲取营养，提炼题材，构思花样，从内容和表现形式上都坚守一个民间艺术家尊重和崇尚民风民俗的底线，所以她的剪纸永远不缺少大俗大雅的民风民俗之美。

三是吉祥如意之美

趋吉避祸、逢凶化吉、吉祥如意，是中国人古老而特定的精神需要，也是剪纸者的人生寄托和追求。韩月琴的剪纸图必有意，意必吉祥，无论是以物寓吉，还是以音谐祥，都是将自己的情感意境与客观物象相融合，道出了人们对吉祥的理解和憧憬。历史典故、民间传说、神仙人物、戏剧情节、花卉鸟兽、生肖图腾、日常器物，甚至那些未曾见到而是悟到，不是现象而是期盼的事物，都被她信手拈来，作为表现吉祥的载体。有国内剪纸权威说她是“播撒吉祥的剪纸艺术家，把吉祥主题发挥到极致”。

中国民间剪纸中，吉祥剪纸从古至今最为多见，如“蛇盘兔”“三阳开泰”“金玉满堂”等几十种典型的传统图案在庄河长久流传。韩月琴对这类剪纸遗产全盘继承下来，了然于胸，诉之于剪，是传统的吉祥剪纸艺人中的高手。更可贵的是，她能把这些剪纸融会贯通，表现出不同的情趣和明晰的含义，能恰到好处地选择和用好能起到比喻、象征、假托、谐音等寓意作用的吉祥动物和吉祥植物，以及其他事物，能娴熟地运用十多种吉祥纹饰作为主体图案的连接和装饰，而且得心应手，运用自如。这是一种托物寄怀手法，寓意于形，联想美妙，意境有趣。在她的剪纸中，用来比喻、象征、假托和谐音的动物、植物随处可见，都是传统剪纸中的寓意表现手法。它们有时是作为剪纸主题的主体图案，线条简练，质朴、粗犷，大多时候则是多种吉祥物共同剪在一张纸中，表现的主题则更加突出，吉祥喜庆气氛更加浓烈奔放。如动物身上还剪有动物和朵花，花卉中间还有花卉和动物，在剪纸过程中随心所欲地不断添加和组合，变换花样，形成一个个匪夷所思的复合剪纸图案，传递着多种资讯，给人以多种美感。她还常常把庄河本土的动物和花卉拿来用以比喻和谐音，如庄河海里的带鱼（长余）、海蟹（和谐）等，许多山海中的生物都被她赋予特定的含义，以美好吉祥的形象出现在剪纸中，令人耳目一新。

同时，韩月琴把吉祥剪纸带入了新的领域，例如对于人们熟悉又喜爱的十二生肖，她常常打破常规，将生肖形象任意取舍，百般演变，使之风情无限。猪比象肥，蛋大鸡小，狗头开花，猴长双身，还有鱼系列生肖、民族系列生肖、肖像系列生肖，个个构思奇巧，出其不意，极具美感，大大丰富了生肖剪纸的吉祥内涵。

韩月琴的吉祥剪纸源于民俗功能的实用性和装饰作用，如

"福"系列、"囍"系列、生肖系列、神仙人物系列，以及各种窗花和刺绣样子等。时至今日，其中一部分已经演化成纯观赏性剪纸，简繁和色彩的处理更加追求完美，线条和块面的搭配更加彰显魅力，剪神和纸韵越发赏心悦目，耐人寻味。

改革开放以后，韩月琴剪纸创新痕迹明显，时代特色突出，着重表现现实生活，表现面十分宽泛，几乎包罗万象。在表现形式上，既有繁复的完整完美，又有简洁的省略抽象，有时精雕细琢，有时又一剪带过，但是吉祥始终是她的创作主题。她的每一幅剪纸都洋溢着吉祥如意之美，就像生长在同一棵吉祥树上的叶子，美轮美奂却绝不雷同，尤其是有些精品，富有哲理，能寓教于美，使人乐观向上。

四是创新求变之美

多年前，韩月琴在《剪纸艺术》上发表了一篇论文，题目叫《继承传统，勇于创新》，强调剪纸源于生活，来自传统。同时，她还写道："每一张剪纸都是有生命的，不创新发展，就像一个没出息的人一样，只会在默默无闻中自消自灭。"

现今，新一代剪纸人的剪纸大多以唯美和创新为目的，不再重视观物取象，与民间习俗文化的使用功能渐行渐远。但是韩月琴的创新，尤其是对带有庄河文化原型和民俗内涵指向的程式化图案的重组和更新，运用的仍然是庄河剪纸的基本语言和造型规律。这样，她就把自己的剪纸提高到了一个既传统和程式化，又多姿多彩多变的艺术境界。这在她的许多剪纸中都能体现出来，如《新世纪母子图》《和谐大连》，以及发表在各类专业报刊、收录到多本高端民间美术选集中的许多精品力作，它们不仅丰富发展了庄河剪纸，而且足以传世。其中，《和谐奥运》在中央电视台《新闻联播》节目中，被称为“民俗与现代完美结合的佳作”。

中国剪纸艺术家当前面临着两难境地，一方面要继承传统，另一方面，在社会转型过程中，民俗文化与人们的生活不再形影不离，逼迫剪纸艺人有所舍弃，去迎合新的需要，民俗与现代、传统与创新孰轻孰重是当今剪纸界的热点话题。

韩月琴是一位承前启后的剪纸艺术家，她与姥姥、母亲那一代剪纸人不同，也与下一辈、下两辈的剪纸人不同，剪纸在她手上实现了传统与现实的对接。她在传统剪纸中科学地融入了现代人的价值观和审美观，对传统的剪纸寓意手法驾轻就熟，对新鲜元素的运用既大胆又合理，富于变化，这种开放性的创新求变之美古朴而新颖，有的只可意会不可言传，很容易引起传统坚守者的认可和现代人的共鸣。这种带有主题内容的构思创作，来自民间又高于民间，出自传统又突破传统，被国内剪纸界称为“属于民间剪纸类型中具有较多创意的现代民俗剪纸，或新民俗剪纸”。

五是刀工剪趣之美

左手持剪的韩月琴因为几十年剪不释手，剪工看似信马由缰，实则炉火纯青，十分精湛。她继承了“随心走”的古老剪纸手法，想怎么剪就怎么剪，怎么好看就怎么剪，剪随心动，率意畅情，形到神至，既快又准。这种手法，刀刀见巧，最容易在剪纸过程中随机应变，产生创意，也最能淋漓尽致地体现出作品的原生态和作者的主观愿望，堪称绝品。

韩月琴用剪，特别注意在线条上见功夫，不管是线线相连、以线造型、强调镂空效果的阳剪，还是线线相断、以面造型、突出厚重朴实感的阴剪，还是阳剪、阴剪并用的手法，线条之间都是当断则断，当连则连，自然连贯，不留痕迹。尤其是对十几种装饰纹样的处理，恰到好处，与主体图案相辅相成，浑然一体，经络贯通得天衣无缝。她还能通过剪出一些疏密有致、粗细不等的条纹和块、面，表现出剪纸聚散有序的黑白构成，使剪纸产生层次感，整幅剪纸完工后，千剪不落，万剪不断，拿起不散，展开不乱，堪称绝活儿。

韩月琴的剪纸以大红单色为主，也有多种颜色的套色、衬色、拼色剪纸，有单体结构的不规则型剪纸，也有折叠方式剪出的规则型剪纸，特别是一些由动物和植物花卉复合而成的意向图案，都是物中有物、花中有花，或物中有花、花中有物，有吻合，有叠加，有移花接木，都有风骨，有魂魄，有情趣。

韩月琴在国内和国外即兴表演剪纸时，剪刀和纸张之间似有默契，给人一种流畅的节奏感和韵律感。她能剪出人们要求的任何一种内容的剪纸，在她的剪刀下，即便是同一主题、同一题材，每幅剪纸的图案和意境也不尽相同。她的刀工剪趣之美往往让剪者自身心旷神怡，让观者喜出望外，叹为观止。在日本爱知县世博会上，曾经有个外国老人捧起她的手仔细端量，以为她的手长得跟别人的手不一样，夸她是“神州神剪”。实际上，就剪纸技艺和对剪纸艺术的理解而言，韩月琴已然到了“天机云锦用在我，剪裁妙处非刀尺”的境界。

家风淳厚，当过三十年人民教师的韩月琴端庄大方，注重礼仪，外柔内刚，表演剪纸时着艳丽服装，一招一式招人喜爱。在国外，面对众多媒体镜头不亢不卑，应答得体，嫣然一笑，尽显中国民间艺术家风采，与好看的韩月琴剪纸相映生辉，形成一幅唯美画面。

韩月琴的剪纸从内容到形式，从里到外，无一不美，样样耐看，都有说道，令人爱不释手。因为美，她的剪纸在人们的日常生活中常用常新，更好地发挥了社会文化功能，是庄河市最有代表性的文化品牌，也是大连市颇有魅力的一道人文风景。几十年来，她参加国内和国外剪纸活动之多，获奖作品和获得荣誉称号之多，创作之勤奋，传承之热心，在中国剪纸界极为罕见。她的剪纸和剪纸技艺经常被美术院校、剪纸研究者和剪纸爱好者拍照录像，留作资料。她在日本爱知县世博会，中国上海世博会、北京奥运会表演剪纸时，都有多家中外媒体采访，在世界广为宣传，也使庄河剪纸在海内外产生了影响。美术权威的认可和人民群众的喜爱一次次验证，好看确实是韩月琴剪纸能在中外剪纸界占有一席之地的资格和理由，国内外人士称她为中国剪纸大师和“神州神剪”可谓实至名归。

（作者系中国民间文艺家协会原理事、辽宁省民间文艺家协会原副主席、大连市非物质文化遗产保护工作专家委员会委员）

春华秋实

我的剪艺从生到熟，从熟生巧，能“随心走”地创作，尽情地享受快乐。有评论家对此评论说：“透过韩月琴好看耐看的剪纸，人们看到的是一个内涵十分丰富的美妙世界，看到了其中的厚重之美和难以评估的民俗意义。”

在传统基础上创新，在传承过程中发展

——综述我的艺术观点

○ 韩月琴

我的剪纸创作经历大致可以划分为三个阶段。一是小时候跟家族中的大人们学剪纸到“文化大革命”以前。我在这个时期的剪纸，无论是图案、纹饰，还是表现手法和剪艺技巧，都与庄河老一辈剪纸人的风格一样，来自传统，继承传统。二是“文化大革命”时期。我在这个时期的剪纸政治色彩强烈，时代特征突出，但我还是尽可能地把政治与艺术二者统一起来，尽量保留传统剪纸中的元素，最大限度地发挥民间剪纸中的美感。比如在表现伟人肖像或反映政治活动时，用传统剪纸的纹样加以装饰，为民间剪纸寻找生存和展示的空间。三是改革开放以后。随着思想解放和经常参加省内外国家级剪纸展览和比赛，也因为多次出国表演剪纸进行文化交流，我的眼界开阔了，开始走上了继承和创新相结合的创作道路，力求做到传统与现实的对接，在传统剪纸中融入现代人的审美观。特别是进入21世纪以来，我作为国家级非物质文化遗产项目庄河剪纸代表性传承人，对庄河剪纸的保护、传承和发展有了更深刻的认识，我的艺术观点也日渐成熟，形成了在传统基础上创新、在传承过程中发展的创作理念。

不算小时候在家中跟家人学剪窗花、剪鞋花的日子，如果从1960年我剪出《热爱劳动》送到旅大日报社时算起，我正式创作剪纸的历史至今已经有五十五年了，如果从1973年《辽宁教育》刊登我的一组五幅剪纸《以学为主》算起，也有四十二年了，我现在总结半个世纪以来的剪纸创作体会，心中十分感慨，一时不知从何说起。

一、一定要保留庄河剪纸的原生态

庄河剪纸是齐鲁、中原耕稼文化催生下的汉民族剪纸艺术与关外游牧文化孕育出的以满族为代表的少数民族剪纸艺术相融合的产物，同时，庄河海岸线绵长，海岛渔村众多，剪纸中又融入了海洋渔家文化。有关史料和《庄河县志》记载，庄河自唐朝开始就有剪纸，明清时期开始流行，清末民初比较盛行。庄河剪纸在这种长期的融合中演变发展，饱含齐鲁文化内涵，兼有东北黑土地的满风神韵，又有山魂海魄，逐渐形成了庄河剪纸的独特风貌和剪纸文化。另外，庄河的人文条件、早期相对闭塞的状况、剪纸人根深蒂固的乡土观念也使得庄河剪纸在演变中更多地保留了本地文化信息，呈现出遗存相对完整的原生态特征。

这种具有民族性和地域性特征的民间剪纸是我国其他地区的剪纸难以具备和难以比拟的，是庄河文化中的宝贵财富，是使庄河剪纸成为国家级非物质文化遗产的主要原因，也是庄河剪纸人得天独厚的创作优势。失去了庄河剪纸的源头和底色，我的剪纸

《恩爱连年》

创作就会成为无根之木、无源之水。

我学习剪纸是从模仿老剪纸花样开始的。庄河剪纸的传统意味和巧拙相济的质朴之美，以及节奏和韵律，直到今天仍然是我剪纸的追求。我在母亲和姥姥的口传手教下摹剪花卉鸟兽，然后用我大半生的阅历去体味其中的生命内涵和吉祥祝愿，自己出样，进入创作。一步步走来，我从未使自己的剪纸远离庄河剪纸的原生态，所以在国家开展非物质文化遗产保护工作以后，我成为庄河剪纸的代表性传承人，并获得了包括中国民间文艺最高奖——“山花奖”在内的许多奖项。可以说，是庄河剪纸成就了我。

那么，庄河剪纸的原生态在基本形态、表现内容和表现手法方面体现在哪些地方呢?

庄河剪纸属于北方剪纸中的关外剪纸，但是在移民大量涌入后剪纸发生演变，集北、南剪纸之长，在北方剪纸浑厚、粗犷、朴拙的主调中时有清秀、严谨和细腻，生活气息浓郁，乡土风情洋溢，地域特色鲜明。传统的庄河剪纸通用红纸，再早一点儿是黑、白两色纸，以阳剪为主，造型极为夸张和简练，并娴熟地运用铰刺纹、月牙纹等多种纹饰，使用各种式样的朵花恰到好处地加以装饰，有很强的装饰性和程式化。程式化的剪纸图案是庄河剪纸原生态的最显著表现。所谓程式化，是指早就普遍流行于庄河民间的，带有文化原型和民俗内涵指向的、约定俗成的图形结构，例如“蛇盘兔必定富”“马上封侯”“三阳开泰”“金玉满堂”“喜鹊登梅”“麻姑献寿”“松鹤延年”等十几种或更多种传统图案。我非常喜欢这样的传统图案，因为从内容上看，图必有意，体现的是中国博大精深的传统文化，寓意吉祥、喜庆、善良、驱灾求福、多子多福、益寿延年、招财进宝、连年有余，剪出了普通百姓的生活追求和感情世界。从表现手法上看，有极强的想象力，构思巧妙，寓意于形，采用的是托物寄怀手法，艺术语言给人以美好的联想，图案意境说出来生动有趣，常借用比喻、象征、谐音、假托和文字表达等寓意手法来表现剪纸的内容和主题，抒发剪纸人的主观感受。例如，喜鹊比喻喜兆到来，平安报喜，与梅花同剪是“喜上眉梢”；蛇有灵性，喜盘踞，身有纹，有如古钱串，比喻精明和善于盘算；鸳鸯雌雄不离，双宿双飞，比喻生死与共、相濡以沫的恩爱夫妻；鲤鱼跳龙门、牡丹配凤凰等许多搭配都是比喻手法。即便是以单个动物或花卉面目出现，也会让人领会到其中的寓意。只不过有的比喻是明喻，一看就懂，有的比喻是隐秘的，需要去琢磨、去联想，但都有深厚的文化积淀。又如，龙为中华民族的象征，在民间剪纸中象征男性；凤为百鸟之王，象征女性；“麒麟送子”象征喜得贵子；老虎象征力量和强壮；石榴象征多子；蟾蜍、佛手、福娃、抓髻娃娃，以及“岁寒三友”、牡丹、荷花、菊花和许多纹样也都有吉祥富贵和平安祈福等象征意义。有些纹样本身也是我的剪纸中不可缺少的象征性图案，如万字纹象征万德吉祥之所集；涡状纹和万字纹象征与自然和谐一致；S纹又称太极符号和生命符号；八结纹又称中国结；盘长无头无尾，无始无终，象征“回环贯彻，一切通明”；方胜纹由两个或多个菱形压角相叠而成，称为同心方胜，象征祥瑞；贯钱象征财富……这些纹样在我的剪纸中不仅起到使剪纸浑然一体、不散不乱地连缀主体图形的作用，也有装饰美观，使剪纸更加丰满的功效，更有通过其象征意义与主体相辅相成，起到锦上添花的作用。再如，鱼谐“余”音，意为年年有余；鸡谐“吉”音，意为大吉大利；猴谐“侯”音，意为封侯进爵；瓶谐“平”音，意为平平安安；桃、荷、蟹、蝙蝠、百合、如意等都用谐音来表现剪纸的寓意。还有假托手法，鼠假托为子神，葫芦假托为孕育生命的源头，意为子孙延绵，又假托为镇邪之宝，有祛疫避毒之意。还可以用汉字的结构和字、词直接表达出剪纸的含义。

这些寓意手法与中国传统剪纸的寓意手法一脉相承，由世代庄河剪纸人长期传承，运用十分普遍，是庄河剪纸中最主要、最有意思的表达方式。我的剪纸师承家传，祖辈是闯关东的山东移民。山东是中国古文化发祥地区之一，山东民间剪纸的精髓已经渗透到几辈人的血脉里，扎根东北庄河以后又受当地剪纸风格的影响，所以必然要继承传统，从庄河剪纸的原生态中汲取营养，并尽量多地保留其原貌。

如果我的剪纸中没有传统的程式化构图，没有比喻、象征、谐音、假托等寓意手法，我的剪纸还有什么意义呢？既不生动有趣，也不美观好看，既没有深厚的文化内涵，又不能贴近百姓生活，怎么能自娱自乐和发挥民间剪纸的民俗文化功能呢？

为此，我一直在背兜里装着剪刀和红纸，不停地在山里的沟沟岔岔和海边的一村一屯寻访和求教老辈剪纸艺人，与他们在农家炕头交换图样，切磋技艺。我几乎拜访过庄河地区所有的剪纸高手，掌握了大量的具有原生态特质的剪纸图样，我把这些图样储存在脑子里，反复咀嚼，融会贯通，一拿起剪子，就会浮现出来，一花一木一禽一兽都有出处，都有说法，取之不尽，用之不竭。曾经有剪纸评论家说我是“传承型的原生态民间剪纸艺术家”，无论是从源头上说，还是从本质上说，他说的都是对的。

原生态的庄河剪纸为我的剪纸提供了坚实的创作基础，使我在改革开放以后的剪纸创新有了底气，增添了灵气。也可以说，脱离了庄河剪纸的原生态就没有韩月琴剪纸的今天。

二、要有民俗文化印记

中国剪纸艺术最先缘于民俗活动，民俗节日、民俗礼仪和信仰习俗对庄河剪纸的形成、存在和发展起到了至关重要的作用。从古至今，庄河的民俗活动始终十分频繁和活跃，世世代代，年年岁岁，参与者千家万户。受其熏陶，庄河剪纸从产生那天起就与庄河民俗同生共长，烙上了民俗的烙印，并因民俗活动而延续。许多古老而健康的习俗亘古不变，并没有随着庄河的现代化进程而消失，而是鲜活地存在着，影响着我的剪纸创作。

民俗来自民间，沉淀着历史，深藏在庄河人的行为、语言和心灵中，剪纸是民俗的载体之一。我从小就热衷于参加乡村的民俗活动，直到现在仍然乐此不疲，民俗活动不但让我快乐，还让我感受到场面之美、色彩之美、神秘之美，让我有了剪纸创作的冲动，因此，我的剪纸始终带有反映庄河民间习俗的印记。实际上，我的剪纸在很大程度上是为民俗活动而存在的，例如，在春节、元宵节、端午节、中秋节、重阳节等中国传统节日中，在正月十三、二月二、四月初八等本地民俗节日中，我的剪纸都会用窗花、“福”字、挂笺，或其他图案的剪纸增添节日气氛、隐喻不同文化内涵。又如在婚俗中，我会剪出表现阴阳相合、孕育繁衍、恩爱美满的喜花；在寿诞习俗中，我会剪出表现健康长寿、松鹤延年的祝寿花；在祭祀习俗中，我会剪出表现对自然和神灵敬畏、趋吉避祸的剪纸，还有各种刺绣物品的剪纸底样我也常用常剪。

我的剪纸从题材上看，主要涉及民俗中的三个方面：一是祈福祛灾、民间风情类，包括应节兆福、生活习俗、信仰和生命崇拜等。二是历史人物、民间传说类，包括百姓喜闻乐见的戏曲和神话故事中的人物、情节等。三是在现代题材中的民俗记忆。

剪纸是离不开民俗的，民间剪纸依附于民俗活动，并为民俗服务，同时民俗又为剪纸提供了广阔的展示舞台和创作空间。我的剪纸创作从表现民俗起步，又因民俗而丰富和多彩，创作这方面的剪纸我得心应手，左右逢源，也深受大家喜爱。由于许多获奖作品都是反映民俗活动的情景，有评论家因此说我的剪纸是新民俗剪纸。所谓新民俗剪纸可能是作品的唯美性更强，信息量更为丰富，有明显的时代感，现代元素较多。我的理解是，无论怎样“新”，都离不开民俗，民俗和剪纸的原生态一样都是我的剪纸之母，因为我的剪纸脱胎于这个母体，而庄河民风民俗由于历史和地域的原因，不同于其他地区，所以有一套相对独立的艺术语言和表现方式，剪艺与制作的艺术风貌也具有了与众不同的地域特色，满足了人们对中国传统文化的审美，吻合了普通百姓的生活情趣。例如我创作的剪纸《办年货》，剪纸中，两个人物相对而行，且行且舞，手提的灯笼上贴个大“福”字，另一只手提着一条鱼，取“富余”之意。大公鸡昂首高歌，寓意过年大吉。喜鹊在祥云下、屋檐下报喜，人物身上的莲花、古钱等多种纹饰各有寓意。我还把饱满的苞米穗，粮囤上的“丰”字，和农家院中的石碾子、院中的家狗剪在一起，人们一看就知道是农家百姓欢天喜地准备过年的景象，一派火爆热烈的喜庆气氛和丰衣足食的感觉，盼过年、爱过年的人看了会发出会心的微笑。这就是民俗剪纸的魅力。

不可否认的是，当前中国剪纸正面临着很大的挑战，所以剪纸被列入中国非物质文化遗产，需要加以保护。我认为，时代的发展已经使我们由农耕社会步入工业社会，民俗文化与人们的日

《办年货》

常生活渐行渐远，已经不再形影不离，剪纸文化加快了流变，使民俗的实用功能逐渐减弱，进而转向纯艺术或成为文化商品，这才是原生态剪纸逐渐远离我们视线的根本原因。从这个意义上讲，我在剪纸中尽量多地保留民俗文化的印记，就不仅仅是为民俗服务了，而是对民俗剪纸的保护和传承。

三、创新势在必行，传承促进发展

我认为，每一张剪纸都是有生命的，有生命的东西不但要生存，而且要生长，不创新、不向前发展的剪纸就像没有出息的人一样，只会在默默无闻中自消自灭。社会向现代化转型，传统剪纸文化受到冲击，已经被推到一个纷繁复杂、前所未有的境地，同时这种状况也为剪纸的创新和在民间活态传承带来了契机。但是这种创新是有根基的，是在继承传统的基础上创新，发展也是有前提的，是在传承根本基因中发展。

我的剪纸创新首先表现在程式化剪纸中添加花草或动物，以及其他装饰纹样，或者进行重组和变化，在重组和变化中即兴发挥，加以更新，使程式化剪纸的文化内涵在不断添加中自然延伸，美感在不断重组和更新中更加强烈。例如家喻户晓的《蛇盘兔必定富》剪纸是单蛇盘单兔，我可以剪成双蛇盘双兔，并在其中添加寓意百财的白菜，寓意富贵的牡丹，在双兔身上各剪出一个“福”字，双兔、双蛇以牡丹和白菜为轴，形成对称图案，美观大方，主题更加突出，传递出多重“必定富”的讯息。我还可以剪出八蛇盘八兔的团花形剪纸，中间的大古钱和十二串贯钱，以及八个葫芦、四朵牡丹将八蛇和八兔连缀起来，整幅剪纸除了给人以“必定富”的感觉，还有一种吉祥气氛。再如《连年有余》，经过我添加和重组以后，形成了两条大鲤鱼立在一朵大莲花上，七条小鲤鱼簇拥在周围的繁复图案。莲花和鲤鱼剪在一起寓意连年有余，这是大家都知道的，一般对称图案的剪纸容易剪八条小鱼，我为什么剪七条呢？七条加两条是九条，取九为极多的意思，有心人会琢磨出来的。老辈剪纸人留下来的那些程式化的剪纸花样寓意丰富，深入人心，图案精美，形象生动，无论我怎样创新，都离不开他们的原型，因为在我的眼里，千百年来的剪纸传统有着永远不会磨灭的魅力。

我的创新还表现在对一般花草、动物或人物的结合上，这样的组合往往会产生双重或多重的寓意和美感。例如，生肖和人物头像的组合，是我在北京奥运会期间在北京祥云小屋特意为中外来宾创作的，我将某个外宾的肖像剪影与他的生肖剪在一张大红纸上，表示中国特色的吉祥祝福，得到这些剪纸的人如获至宝，精心收藏。再如，有民间保护神含义的抓髻娃娃都是单体出现的，我把他剪成满族嬷嬷人儿的模样，或剪成拉手媳妇人儿，兼有满汉风韵，体现了庄河剪纸的地域特色。

我的创新主要表现在将传统剪纸中的各种寓意手法和剪纸符号与现代生活中的新鲜事物相结合，共同展示在同一张剪纸中，就像有的评论家说的那样，是民俗与现代的结合，是传统与创新的结合。这纯粹是独立创作，需要有阅历，有思想，有功力，有个性。例如，大连市开展创建和谐大连活动期间，我创作并发表了一组五幅剪纸《和谐大连》，受到市民好评。

改革开放以来，我创作了许多这类剪纸，如祝贺澳门回归一周年赠送澳门特首的《新世纪母子图》、为祝贺北京举办奥运会创作的《神州迎奥图》、为抗震救灾创作的《心系汶川》，还有《同心向北京》《党风廉正花木有情》《传递核心价值观》等，获得许多全国剪纸展览和大赛金奖，其中，《和谐奥运》在第八届中国艺术节暨第二届国际剪纸艺术博览会上获金奖，中央电视台《新闻联播》节目介绍艺术节作品时，称其为“民俗与现代完美结合的佳作”。这样的剪纸，人民群众喜爱，剪纸界认可，并给予较高评价，说明我的这条创新道路走对了，古为今用、推陈出新的创作原则对中国剪纸也是非常适用的。剪纸是中华民族宝贵的非物质文化遗产，是需要传承的，是活态的，也是发展的。

四、坚持吉祥主题和“好看”的审美观

辽宁省剪纸学会会长岳文义先生曾说我的剪纸把“吉祥如意主题发挥到极致，是播撒吉祥的剪纸艺术家”。我和老伴儿王玉良也曾共同撰写过论文《神奇的中国吉祥剪纸》，我认为，吉祥剪纸是中国先民单纯、质朴、真挚、健康的寄托，人们从最初的生死、繁衍生命，到人生奋斗的整个过程，事事都盼望平安顺达。吉祥是天地和谐，人与人、人与社会和谐的最美好的体现，趋吉避祸，逢凶化吉，吉祥如意，是中国人古老而特定的精神需要，是我的剪纸主题和灵魂，也是我人生的期盼。我的每幅剪纸都想达到图必有意、意必吉祥的境界，不但给人以美的感受，还想通过这样的剪纸给人们带来希望或抚慰，让人乐观和振作，因此，甚至那些看不到而是悟到的事物都会被我作为表现吉祥的载体出现在剪纸中。无论是原生态的民俗剪纸，还是创新后的所谓新民俗剪纸，我要剪出的，首先是吉祥的意境。中国传统剪纸中吉祥的图案和纹饰最多，寓意最为丰富，是我创作吉祥剪纸的源泉，使我的剪纸无论怎样创新也不会脱离传统，同时，也与人们精神世界的需求相吻合，所以即便很传统，也永远鲜活，不会被遗弃，这可能是我的剪纸受到专业人士和人民群众都喜爱的重要原因吧。

吉祥本身就是美的。北京大学教授、中国民俗学会副理事长段宝林先生说我的剪纸“内容是美的，表现了喜庆吉祥的精神美”，给人以“强烈、深厚、崇高、新颖的美感”。

我对美的理解就是好看，传统也好，创新也好，传承发展也好，都离不开“好看”两个字，我希望我的剪纸老年人爱看，青少年也爱看，女人爱看，男人也爱看，中国人爱看，外国人也爱看。好看才会有人看，才能雅俗共赏，才能有效地发挥剪纸的社会文化功能。这说起来容易做起来难，为了好看耐看的剪纸，我手不释剪奋斗了半个多世纪。我在运用各种程式化图案和传统寓意手法的同时，应物赋形，大胆构思，夸张写神，幽默取巧，打破常规，任意取舍，如猪比象肥、鸡比人高、虎长双身、猴子坐在仙桃里、鼠的耳朵是两朵大牡丹花，花卉和人物也虚实兼容，重在神韵，看似不尽合理，却有意想不到的美观效果。我的剪艺从生到熟，从熟生巧，能“随心走”地创作，尽情地享受快乐。有评论家对此评论说：“透过韩月琴好看耐看的剪纸，人们看到的是一个内涵十分丰富的美妙世界，看到了其中的厚重之美和难以评估的民俗意义。”

以上就是几十年来我剪纸创作的体会，即一定要保留住庄河剪纸的原生态，必须要有民俗文化印记，创新势在必行，传承促进发展，坚持吉祥主题和“好看”的审美观。归纳成一句话就是，在传统基础上创新，在传承过程中发展。

作品展示

1960年以前，《四季鞋花》：四季花鞋花是普遍流传于民间的鞋花刺绣底样，以便绣娘用绣针引线，在不同质地的鞋面上运针刺缀。剪纸线条拙朴简洁，既可观赏又很实用，图案传统，是庄河剪纸中常见的花样。作者剪过的类似的绣花底样剪纸还有兜花、袖口花、手绢花等，都是从长辈那里学到的。

1973年，《以学为主》：发表于《辽宁教育》杂志。该作品将学生、红太阳、向日葵、书本、麦穗、劳动场所、红缨枪等众所熟知的象征性事物组合成一组五幅剪纸，五幅剪纸都是传统的团花形，一大四小，人物形象各有含义，共同突出以学为主的主题，具有时代特色，起到宣传作用。这一时期还创作了《红心向党》《葵花向阳》《电化教育》等许多政治色彩鲜明的剪纸。

1977年，《富贵有余》：此幅剪纸连同其他十七幅剪纸共同入选中日（大连·名古屋）剪纸联展，随后在日本各地巡展，是入选《关东剪纸选》的五幅剪纸之一。“鱼”谐“余”音，象征富余；鲤鱼的“鲤”与“利”谐音，象征吉利。胖娃娃怀抱大鲤鱼是民间剪纸中最常见的形象，这幅剪纸的胖娃娃骑在鲤鱼身上，呈跳龙门姿态，颇有动感。该作品构图为双圆团花形，两圆之间由古钱连贯，大圆外有五只大蝙蝠和五只小蝙蝠团团围护，既美观又谐“福”音。胖娃娃用阳剪镂空，鲤鱼用阴剪的块面显形，鳞片剪成并排的扇形锯齿纹，装饰纹样中的牡丹富贵，莲花连年长久，葫芦驱灾，各有寓意，在体现富贵有余主题的同时，剪出一派吉祥喜庆气氛。

1978年，《喜花》："囍"读作双喜，成双成对，是中国特有的婚徽标志。喜鹊有感应预兆本领，被称为报喜鸟；梅花又称报春花，象征冰清玉洁，花开五瓣，又象征福禄寿禧财。剪纸中，双喜鹊簇拥双喜，脚登梅花，头顶梅花，取喜鹊登梅、喜上梅（眉）梢之意，是民间常见的典型喜花剪纸。

1979年，《窗花》：是喻示生殖和生命崇拜的生命树的变形，花盆象征母体，枝头上跳跃的鸟儿象征男根，结出的果实和开出的花朵象征多子多女。剪纸线条纤细，镂空效果好，在传统窗花中较为常见，多出自老辈剪纸人之手。

2000年，《新世纪母子图》：澳门回归一周年前夕创作的剪纸，赠送给时任澳门行政长官何厚铧。剪纸以三层团花形构图，剪有五朵牡丹、九朵莲花、一对母子，柳条上飞来两只报喜鸟，小男孩投向母亲怀里，母亲拥抱孩子，用慈爱的目光深情凝视。团花象征团圆，牡丹象征雍容华贵，莲花寓意连年长久，母亲象征祖国，小男孩代表澳门，作品主题突出，喻示如意吉祥。何厚铧收到后亲笔签名，回信答谢："隆情厚意，殊深感铭。"国内多家媒体对此进行报道，目前，该作品的复制品收藏于大连现代博物馆。

2005年，《九鱼图》：与妹妹韩月巧合作的剪纸，是庄河韩氏剪纸家族的代表作。鲤鱼有跳龙门吉兆，九为极多，整体为双圆团花，群鱼朝拜大鱼，皆都腾达跳跃，构图暗含八卦，旋转不绝，给人以神秘感和想象空间。该作品曾在辽宁省文化厅举办的辽宁省民间剪纸展中获金奖，2010年作为参评“山花奖”的作品之一，与后来创作的《双龙汇》《葫芦万代》《吉庆有余》三幅作品共同参加中国文联、中国民间文艺家协会评选，获得中国民间文艺最高奖——“山花奖”。

《和谐大连》：用一个大长条立式花瓶和两侧的四幅小型风光图组成了一个疏密有致的整体，主图的宝瓶由底座的海蟹和两条带鱼构成，“蟹”谐“谐”音，寓意和谐，“鱼”谐“余”音，寓意富余，瓶中长出莲花，即为连年有余，“瓶”谐“平”音，寓意平安，花瓶中有水泡似涌动的浪花，浪花中蹦跳着小鱼，还有海星、莲子、祥云，组合成一幅寓意大连和谐、富裕、平安、吉祥的剪纸。四幅陪衬剪纸是《女骑警花》《冰峪小桂林》《海之韵广场》《百年城雕》，都是大连标志性事物，表现出大连的美好和可爱，与主图共同表达出大连人民齐心协力创建和谐大连的主题。

《吉庆有余》：通过“鸡”谐“吉”、“鱼”谐“余”的寓意，表达了“吉庆有余”的主题思想。还具有“官上加官”“福中有福”“富贵连年”“富贵有余”“鱼戏莲花”等寓意。

《吉庆有余之二·和谐富足》：作品运用添加的剪纸手法，在《吉庆有余》的图案下再剪上一只大螃蟹，以“蟹”谐“谐”音，寓意和谐。

《镇邪驱魔》：以民间传说中驱魔大神钟馗捉鬼的故事为题材创作，莲花有清廉高洁之意，钟馗以莲叶为袍，以莲蓬为心，双手持双剑，面目狰狞，杀气逼人，仿佛有看得见的震慑力。该剪纸剪工粗中有细，造型别具匠心，获辽宁省纪律检查委员会举办的首届反腐倡廉书画作品展优秀奖。

《老来福》：反映庄稼院生活的新民俗剪纸。一对老夫妻坐在热炕头上，喜笑颜开，相互凝视，传递感情，恰似剪纸下方象征夫妻恩爱的一对鸳鸯。屋内上方左右两角挂有玉米穗，中间上方的粮囤上剪有“丰”字，下方粮仓上剪有“福”字，纹饰以万字、富贵牡丹、平安宝瓶共同装饰，表现出庄稼丰收以后老两口儿过上幸福美满生活，享受老来福的情景。这是作者为歌颂党的农村政策好而创作的。

2006年，《十二生肖》：中国流传最广的吉祥剪纸，因人的出生日不同而有不同的吉祥寓意。每个生肖都有特定含义，如鹰踏兔、龙凤呈祥、蛇盘兔必定富、马上封侯、三阳开泰、封侯挂印、大吉大利、义犬护主、肥猪拱门等。这幅《十二生肖》剪纸在突出生肖主体的同时，运用了各种铰刺纹表现动物皮毛，又用多种吉祥朵花和古钱、葫芦、寿桃、双鱼、牡丹、石榴、莲子、喜鹊等富有寓意的美好物品分别根据生肖属性和图案需要来装饰不同的生肖动物，在统一风格下又各有特色。该作品获中国（沈阳）世界园艺博览会剪纸展金奖。

《葫芦万代》：葫芦有灵气，民间视为吉祥物，多在神话故事中出现。“葫芦”谐音“福禄”，寓意驱疫辟邪、延年益寿。因为葫芦籽实多、藤蔓缠绕绵长而寓意子孙繁衍、世代昌盛。龙属九九纯阳之体，象征男性，凤为百鸟之王，象征女性，与六对十二个生肖组合成剪纸主体，又与“寿”字、如意、抓髻娃娃、双鱼、仙桃、莲子等吉祥装饰物被安排在一张套色团花剪纸中，突出黑红两色，生肖实而龙凤虚，产生层次感，长寿、多子、如意、世代生生不息的主题被含蓄地表达出来。该作品获中国（沈阳）世界园艺博览会剪纸展金奖。

《挂笺》：挂笺又叫门笺，是民间过年时贴在门梁上的一组剪纸，五幅一组，五种颜色，五种图案，庄河人俗称为“彩”。过年时，人们将一组五张挂笺的上端依次粘贴固定在门梁上，下端随风飘扬，观赏效果极佳，与窗花相映成趣，且有辟邪求安、求福求财之意，能增添过年气氛。这张挂笺是五幅中的一幅，长条形，宽边缘，上有“吉祥如意”四个字，中间是个大“福”字，剪有缠枝花纹，还剪有寓意大吉大利的四对公鸡，四角还有四只谐音“福”的蝙蝠，下方缀有流苏，玲珑剔透。

《迎春》：是大连市文联举办的韩月琴鸡年百鸡展中的一幅作品。绿色洋溢着春天气息，提篮形线条下蝴蝶在飞，小鸡破壳而出，一派欣欣向荣的开春景象。牡丹花做窝，大鸡蛋垫底，鸡身缀满朵花和锯齿纹，用篦齿纹剪出鸡身、鸡脸轮廓，小鸡的大眼睛好奇地遥望远方，象征生命诞生后迎接春天的喜悦。

2007年，《和谐奥运》：地球、五环、福娃、拼音和数字具有时代色彩，象征北京奥运会。蟹取谐音“和谐”，牡丹是雍容富贵之花，团花是中国剪纸中象征团结、团圆和美好的构图。这幅剪纸纹饰吉祥，庄重大方，主题突出，获文化部举办的第八届中国艺术节暨第二届国际剪纸艺术博览会金奖，中央电视台《新闻联播》节目在报道艺术节时，称之为“民俗与现代完美结合的佳作”。

《抓髻娃娃》：抓髻娃娃是保护子孙平安的保护神和使后代绵延的繁殖神，凤凰为女性象征，石榴寓意多子，牡丹花和多种吉庆纹饰起到连接装饰作用。此幅剪纸刊登在第八届中国艺术节的大幅宣传海报上，被誉为“近年来剪纸界不可多得的精品”。

《舞者》：满族女孩头顶牡丹花冠，身着旗袍，旗袍上剪有海浪、古钱和石榴，既是装饰，又有吉祥寓意，脚下、衣着和头饰颇有满乡风韵。长袖展开，线条曲折飘逸，有舞动之感。

《双吉》："鸡"谐"吉"音，双鸡为双吉。两只雄鸡口中各含一鱼（余），鸡冠上有鸡冠花，寓意官上加官，还有驱邪消灾的葫芦，是典型的大吉大利剪纸。雄鸡挺拔雄壮，鸡尾线条粗犷，很有气势。

《全家福》：一只大公鸡背着一只母鸡，母鸡怀抱一只小鸡，三只鸡身上用各种齿纹剪出羽毛形状，公鸡雄壮，母鸡温柔，小鸡乖巧，一家三口，充满亲情。

《双蛇盘双兔》：民间有“蛇盘兔必定富”之说，蛇有灵性，身有纹又如穿起来的古钱串子，又喜盘踞，比喻善于盘算，兔为瑞兽，兆吉祥。传统剪纸中的蛇盘兔是单蛇盘单兔，有程式化特征，是带有文化原型和民俗内涵指向的约定俗成的剪纸图案。这里是双蛇盘双兔，是对单蛇盘单兔的添加和重组，有一种繁复的对称美。又因为有双喜、双鱼、葫芦和牡丹、古钱，分别寓意多子、多福、富贵、喜庆，所以也是喜花的一种。另有八蛇盘八兔的团花剪纸，添加了更多的内容和寓意。

《十子十成》：用一张大大的猪脸表现一头大母猪的形象，看不到猪的整体，却能想象到。猪脸两侧的面颊上各剪有五只正在吃奶的小猪崽，大猪笑容满面，小猪活泼健壮，大猪脸上的鼻子抽象，眼睛写实，脸上剪有锯齿纹、朵花、古钱等装饰物。该作品线条简练生动，夸张传神，幽默取巧。

《新奥运，新腾飞》：用北京奥运会的特定标志五环、福娃、中国印、拼音、数字和火凤凰背景剪出一张带有中国特色的奥运会剪纸。聚宝盆、和平鸽和祥云渲染了和谐喜庆气氛。该作品与妹妹韩月巧、外甥女孙盈秋合作。

2008年，《同心向党》：象征团结、团圆的团花剪纸中，多名少数民族青少年载歌载舞，心形图案中剪有象征祖国北京的天安门和华表，团花外围的牡丹花和蝙蝠寓意富贵、富强，表现出各族人民团结一心，祝福祖国繁荣昌盛的心愿。

《五子登科》：以五个华丽宫灯和五个少数民族儿童的可爱形象分别表现出中国民间期盼福、禄、寿、禧、财的美好愿望，体现出五子登科的寓意。每幅剪纸中有一个立式大宫灯，下端两侧和上半部分两侧各剪有十二生肖之首的鼠，下面一对两嘴相亲，上面一对两头回顾，别有情趣。宫灯上方分别剪有名贵高尚之花——牡丹、荷花、菊花、月季花、梅花，组成五个大宝相花，宝相花中各隐现一个小抓髻娃娃，中间五个儿童为套色剪纸，怀中各抱一字，稳坐宫灯中心圆中，寓意各族儿童在祖国大家庭中茁壮成长、健康幸福。

《生肖人物》之一：在北京奥运会和残奥会期间，应邀在祥云小屋表演剪纸，用剪纸讲述中国故事。作品将中国传统吉祥剪纸十二生肖与国内外来宾的头像剪在同一张纸上，送去中国民间艺人纯朴的祝福。剪纸采用对折剪的手法，生肖成对，肖像逼真似剪影，剪工精致，纹饰吉祥。剪纸中的国际奥委会官员相应生肖是鼠，女官员接受现场创作并相赠的这幅剪纸时惊叫神奇，拥抱作者合影，赠送签字笔留念。剪纸过程被中央美术学院师生全程录制作为教学资料。

《义犬护主》：左上图双狗反向，右上图双狗相对，姿态迥异，狗身都有朵花和月牙纹、锯齿纹点缀，双狗之间护佑的女孩身穿少数民族衣裙，衣裙上有吉祥花和吉祥纹，头饰简洁明快，两旁有吉祥鸟飞舞。剪纸采用对称式构图，线条流畅。

《吉祥如意》：左下图抓髻娃娃怀抱“吉祥”，右下图抓髻娃娃怀抱“如意”，莲花、牡丹、葫芦、吉祥鸟和吉祥纹饰把人和物连缀一体，丰满美观。抓髻娃娃中融入了满族剪纸嬷嬷人儿的元素，内涵更为丰富。

《双兔白菜》：兔为瑞兽，兆吉祥，“白菜”谐音“百财”，牡丹寓意吉祥和富贵。剪纸通过许多疏密、粗细、长短、曲直的锯齿纹、篦齿纹将双兔、白菜和牡丹花的美感表现出来，也含蓄地表现出剪纸主题。

《鼠年福来》：鼠为十二生肖之首，这是一幅交错套色剪纸，突出鼠年福来主题。

《民族生肖系列》：每个生肖与每个少数民族少女的肖像剪在一张纸上，生肖为阴剪，以块面表现形象，厚重质朴，少女肖像为阳剪，线条精准，清秀漂亮，头饰打扮各有民族特色，寓意中华各民族同根同源，岁岁团圆，年年吉祥。

《骨肉亲情》：男、女两个小朋友遥望海峡彼岸，想念台湾小朋友，表现大陆人民和台湾人民割舍不断的同胞之谊和骨肉亲情。

《生肖牛》：牛是农家主要帮手，一般以整体牛的形象出现。这幅剪纸只剪出牛的正面，牛头夸张，牛身用牡丹花代替，牛腿用聚宝盆表现，弯曲的一对大牛角中间端坐一个福娃，牛角和福娃两旁各有一只喜鹊报喜，剪纸样式新颖，吉祥、喜庆、美观，传递出多种讯息。

《海宝鱼》：团花剪纸中间是地球，地球上剪有一串世博会吉祥物，配以吉祥纹饰。作者应邀在上海世博会上表演剪纸，现场创作《海宝鱼》，被组委会制作成大幅广告宣传画，多家媒体推介。

《双龙汇》：表现庄河秀美山川和丰饶物产的团花剪纸，取材于国家著名风景区冰峪沟中两河夹一峰的双龙汇实景。剪纸中心是双龙踏双鲤跃出水面，象征家乡建设正在腾飞，外圆中庄河农副特产荟萃其间，形象生动，主体图案用吉祥植物花卉和吉祥纹饰相连和点缀，剪工精细，繁复中追求大气，乡土气息浓郁。

《三阳开泰》：意在称颂岁首，寓意吉祥。“羊”谐“阳”音和“祥”音，开泰预示开启吉祥，好运即来。剪纸中的三只羊都是长角弯弯、形貌壮硕的公羊，在牡丹花中脚踏祥云，围着团花中的一只太阳鸟奔跑如飞，寓意羊年岁首吉祥，全年好运源源不断。

《双喜》：将传统喜花加以变形和添加，形成重叠层次，有虚有实，剪出喜花新意。喜鹊报喜，梅开五福，一对戏水鸳鸯象征夫妻恩爱，两枝梅花盛开，四只喜鹊双双嘴嘴相亲，背景是粗线条的双喜字，营造出浓浓的婚嫁喜庆气氛。

2010年，《满风神韵》：源于满族剪纸拉手娃娃形象，剪纸将女娃改成面如满月、身材丰满的满族中年妇女，头戴花冠，手捧双桃，身骑骏马，神态庄严肃穆，洋溢着满风神韵。

2011年，《罕王出世》：作品根据满族传说剪出，仙女头戴花冠，两侧双凤朝拜，双鹤口叼鲜果，仙女脚踩朵花祥云，双狗簇拥，衣裙飘逸。仙女肚中的罕王呈抓髻娃娃形象，即将出世，给人一种圣洁的神秘感。

《团圆八仙》：八仙是家喻户晓的神仙，也是常见的人物剪纸题材。《团圆八仙》是受中国经典名作《一团和气》的启发而创作的一组八幅剪纸，作品线条粗犷简洁，每个仙人都笑逐颜开，和和气气，望之可喜，近之可亲，每个仙人因为衣袍上剪出的朵花和纹饰不同而有区别，相貌带有传说中的面貌特征，生动传神，各自手中所持的法器更加明晰了每个仙人的身份。

《女儿也是传后人》：为大连市人口和计划生育委员会创作计划生育挂历而创作的其中一幅剪纸。心状的图案中剪有一个可爱的女孩，女孩身前身后剪有寓意生育繁衍的石榴和葫芦等花果，文字表达一目了然，通俗易懂。

《仕女》：仕女多人，目视下方，神情关注，似在游戏，面相端庄俊美，身上衣裙用粗细线条勾勒，华丽飘逸，人物之外有粗犷厚重的线条围拢住，与人物线条的纤细形成反差，使构图有层次，更规整。

2011年，《九龙图》：龙是中华民族的象征，团花剪纸中八条小龙围绕一条大龙，小龙剪侧面，龙身灵动，大龙剪正面，面目威严，连缀的纹饰是祥云又是波浪。剪纸气势磅礴，正气凛然，是作者应邀参加辽宁省政府代表团赴台湾访问时，在台北市、新北市表演剪纸，赠送给台湾同胞的剪纸。

2012年，《和谐平安》："瓶"谐"平"音，寓意平安，"蟹"谐"谐"音，寓意和谐，鼠为十二生肖之首，寓意年年岁岁，轮回不绝，凤为百鸟之王，牡丹为富贵之花，寓意吉祥富贵。剪纸中，双鼠拥抱花瓶，双凤拥护双鼠和花瓶，花瓶中开出牡丹花，瓶身剪有飞鸽翱翔，动物、花卉在花瓶内外和谐相处，平安吉祥。作品以阴剪的块面为主要构图，匀称厚重。

《格格》：满乡风韵的人物剪纸。格格是满族人对皇族公主的称呼，也可以引申为对所有满族女孩的昵称。图案中的格格形象夸张变形，脸宽身圆，十分饱满，双手胸前捧“福”，“福”下的云座上有两枚古钱，格格头戴牡丹花冠，形同满族女人的头饰，眼长有神，面颊点粉色胭脂，头梳刘海，表情生动，娇憨、天真、可爱。格格四周点缀着龙、凤、双鱼、祥云，寓意龙凤呈祥、有余、吉祥。格格是阴剪，以块面为主，厚重质朴，周围的装饰是阳剪，以求镂空效果，阴阳呼应，层次分明，尤其是在大红色的基调上，在几个关键部位剪有黑、粉、蓝、绿、黄等色彩，使之成为艳丽的复色剪纸，更好地表现出满族少女的风貌。

2013年，《党风廉正花木有情》：主题是人民盼望党风廉正，颂扬党风廉正。十二个形态不同的花瓶，瓶口处各有一对不同的生肖形象，依次为十二生肖。每个花瓶的花纹和花瓶中的花卉、草木，都是每个月的应时花木，分别是梅、兰、松、牡丹、竹、月季、万年青、向日葵、鸡冠花、莲花、菊花、水仙共十二种象征高洁、高尚的花木。十二个花瓶代表一年十二个月，十二生肖代表十二年一轮回，象征世代延续永不中断。“瓶”谐“平”音，寓意年年平安，瓶身上的花纹和瓶中花木都有寓意，表现内容各有侧重，如一月，生肖鼠和梅，寓意梅傲严寒；二月，生肖牛和兰，寓意幽兰暗香；三月，生肖虎和松，寓意松柏常青……剪纸采用复色剪纸的表现手法，力求艳丽而不失庄重，十二幅剪纸整体风格一致而各有特色，命题新颖，与时俱进。

《天道酬勤》：一组四幅黑红两色剪纸，都采用天圆地方格局，外围大方剪有中国印，字体粗犷，汉字隶书，若隐若现，中间大圆中分别剪有四个形态和表情各不相同又有民族特征的抓髻娃娃，配上与主题相应又不尽相同的动物、花卉、纹饰，各有吉祥富贵寓意。大圆中间又有小方，里面分别剪有“招财进宝”“只见财来”“日进斗金”“黄金万两”四组文字，都是百姓贴在粮囤、钱柜和门脸、炕头上的传统的求财文字，表现的主题是只有辛勤劳动和勤奋工作，才能得到应有的财富，过上幸福的日子。线条粗中有细，细中见巧，层次分明，共用形的使用能引发观者丰富的想象。

《传递核心价值观》：这是一幅传递核心价值观的大幅团花剪纸，民俗与现代、传统与创新相结合的创作理念都得到体现。其中，文字表达一目了然，突出了核心价值观的内容；剪纸上方居中的红太阳和红太阳中的天安门，象征着中国共产党和社会主义祖国；两只寓意吉祥的凤凰嘴含吉祥花朵，簇拥着红太阳和天安门；寓意富贵的五朵牡丹花，托起一行文字，团花边缘剪有和平鸽，取其谐音和平、和谐之意；和平鸽之间剪有祥云，一派祥瑞气象。该作品发表在《大连日报》头版头题。

2015年，《六合同春》：团花剪纸边沿剪有六朵大牡丹花和六只石榴状的蝙蝠，团花内圆的一对仙桃托起一个籽粒饱满的大石榴，大石榴上剪有六只形态各异的和平鸽，两只小蝴蝶在桃花和柳条间飞舞，花果鸟禽由各种吉祥纹饰连缀成一体，牡丹富贵，蝙蝠谐“福”音，石榴多子多福，果实累累，和平鸽象征和平、和谐，仙桃象征健康长寿，蝴蝶在柳条桃花间飞舞象征春光明媚、欣欣向荣。牡丹、石榴、蝙蝠为共用形，丰富了人们的想象。六朵牡丹、六只蝙蝠、六只和平鸽寓意六六大顺、六合同春，充满吉祥和喜庆气氛。

艺术年表

1941年 出生于庄河县（现庄河市）鲍码村小西炉屯，自幼向姥姥、母亲和姐姐学习家传剪纸，五六岁时能独立剪出窗花、鞋花、嬷嬷人儿。

1952年 上小学，1960年7月初中毕业。其间，频繁参加乡村民俗活动，剪纸多次入选庄河县美术展览，手工作品和剪纸多次获得庄河县教育局和旅大市教育局颁发的奖项。

1960年 分配到旅大市中山区昆明街小学任美术教师，利用业余时间到旅大市群众艺术馆学习，创作剪纸《热爱劳动》，向《旅大日报》投稿。

1962年 因为城市人口缩减，回到庄河，在石山公社元和小学和小河东小学当代课老师。

1963年 考入旅大师范专科学校美术班，剪纸引起学校师生关注，崭露头角。

1966年 “文化大革命”开始后，在旅顺口区西村实习、劳动。

1967年 分配到庄河县徐岭公社双丰小学任教。

1968年至

1976年 曾被县革委会抽调在县内画宣传画，其间，以庄河民间剪纸为基础，创作出许多以歌颂领袖和红心向党为主题的剪纸。

1973年 在《辽宁教育》杂志上发表剪纸《以学为主》（一组五幅）。此后四十余年陆续在国家和省、市报刊、专业期刊上发表数百幅剪纸作品和多篇剪纸论文。

1982年至

1998年 任庄河市政协常委。

1987年 论文《美术教育是培养一代新人的重要途径》在辽宁省中小学美术教育研讨会第二届年会上被评为优秀论文奖。

同年，被大连市教育局授予学生课外美术活动优秀辅导员称号。

1997年 十七幅剪纸入选中日（大连·名古屋）剪纸联展，并在日本巡展。

同年，作为大连市唯一的民间剪纸艺人代表，随大连市政府组织的大连市首个民间艺术团出访日本，在山阴梦港博览会上表演剪纸，被当地媒体称为“中国第一女红”“神州神剪”。

1999年 被辽宁省文化厅授予辽宁省优秀民间艺术人才称号。

2000年 澳门回归一周年前夕，创作大幅剪纸《新世纪母子图》赠送给当时的澳门行政长官何厚铧，何厚铧回信致谢，国内多家新闻媒体刊登报道。目前，该作品的复制品收藏于大连现代博物馆。

同年，与老伴儿、儿子、女儿和孙女、弟子在大连电视台《久久合家欢》节目上表演剪纸，展示二十五平方米的巨幅双龙剪纸《大连千禧同乐·北方明珠生辉》，被专家认为是国内最大的龙剪纸。

2002年 应邀赴日本福冈展览和表演剪纸，接受当地电视台采访，创作剪纸《世界五大洲足球赛》，被新闻媒体广为宣传。

2003年 被庄河市文学艺术界联合会评为优秀文艺工作者。

同年，被大连市残疾人联合会授予大连市阳光工程爱心大使称号。

2005年 大连市文联、大连市民间文艺家协会举办韩月琴鸡年百鸡剪纸展。

同年，赴日本爱知县世博会表演剪纸；天健网、中国法制教育网等国内数家网站介绍韩月琴及其作品；北京“21世纪教育论坛”第五期刊登韩月琴作品，第六期、第七期连续刊登记者专访文章，并应邀成为“21世纪教育论坛”专家团成员；为大连电视台春节晚会创作大幅剪纸背景，此后连续多次参加大型晚会和春节晚会，表演剪纸；十幅作品入选辽宁省民间剪纸展，《吉庆有余》《万众一心庆盛世》《对猴图》入选《中国民间艺术·民间艺术家卷》；参加辽宁省第四届少数民族美术书法摄影展览；参加辽宁省首届反腐倡廉书画作品展；论文《继承传统，勇于创新》在辽宁省民间剪纸研讨会上宣读，并在《剪纸艺术》上发表；获首届中国民间艺术高层论坛论文二等奖；参与筹建大连市民间艺术家活动基地，担任大连市残疾人工艺美术技艺培训教师（剪纸类）；当选为大连市剪纸学会副会长兼大连市中小学生剪纸分会会长。

2006年 大连市文联、大连市民间文艺家协会举办韩月琴狗年百狗剪纸展。

同年，经市民投票评选，获中共大连市委宣传部、大连市文联颁发的2005年度大连文艺界十位有影响的文艺人物称号；倡议并组织举办了庄河韩氏家族剪纸展，老少四辈，近百人的五百余幅作品参展，在大连地区引起很大反响；参与组织大连市首届市民剪纸大赛，此后连续三年组织市民剪纸大赛，并担任评委；在中俄文化交流年中表演中国剪纸；与老伴儿王玉良应邀赴北京参加第二届中国民间艺术高层论坛，文《剪纸艺术》获银奖，刊登于《艺术研究》期刊；筹建甘井子区凌水小学（今高新园区凌水小学）剪纸活动基地，担任辅导老师和顾问，年底被中共大连市委宣传部命名为全市百个特色文艺活动基地（唯一的学校活动基地），至今已创建旅顺前夹山小学、甘井子区蓝城小学、庄河市小河东小学、徐岭镇中心小学、沙河口区刘家桥小学、甘井子区博思小学等中小学剪纸基地，均担任辅导老师和顾问；赴沈阳参加中国（沈阳）世界园艺博览会剪纸展，本人十四幅作品、家族成员十五幅作品入展；参加第二届“神州风韵”全国剪纸大赛；赴杭州参加首届中国（杭州）国际剪纸艺术节；自2006年至2013年，每年创作“生肖福”剪纸，由大连晚报社印制，发送到千家万户；参与筹建庄河市剪纸学会，任首届会长至今；参与组织庄河境内外的剪纸活动，培训大批美术教师和剪纸人才；被辽宁省文化厅授予辽宁省民间艺术家（剪纸）称号；荣获大连市“三八”红旗手称号；担任由中国民间文艺家协会组织编纂的《中国剪纸艺术名人大典》副主编。

2007年 大连市文联、大连市民间文艺家协会举办韩月琴猪年百猪剪纸展。

同年，应邀赴澳门参加公益文化活动，表演剪纸，慰问驻澳部队，赠送大幅剪纸《长城莲花图》；在大连市文化遗产日上展演庄河剪纸；参与组织大连市市民迎奥运剪纸展览；由中国文联、中国民间文艺家协会主办的《中国剪纸艺术报》用三个半版面刊登韩月琴二十余幅作品和与老伴儿王玉良共同撰写的论文《中国剪纸十大特征》；与王玉良共同撰写的论文《大连剪纸艺术节策划方案》获中共大连市委宣传部、大连市文化局等部门主办的文化创意大赛三等奖，被庄河市政府作为筹备全国剪纸展的蓝本；创作作品参加2007年中国文化遗产日中国民间艺术作品系列展；参加中国（温州）剪纸艺术大赛；赴山西中阳参加首届中阳剪纸艺术节；赴武汉参加第八届中国艺术节暨第二届国际剪纸艺术博览会，论文《中国剪纸十大特征》获论文金奖，中央电视台《新闻联播》节目中称其获奖作品为“民俗与现代完美结合的佳作”，《喜相逢》剪纸被印制成大幅广告在全国各地张贴；被大连市民俗文化促进会聘为顾问，同时被授予大连市民俗文化特别贡献奖，参与编纂《中国大连年文化精品集》；被大连市文化局评定为大连市非物质文化遗产庄河剪纸代表性传承人；当选为辽宁省剪纸学会副会长；获中国文化管理协会颁发的当代杰出民间艺术家称号；以韩月琴为代表的庄河韩氏家族被大连市文化部门命名为“剪纸之家”，成为大连市首个家族剪纸之家。

2008年 汶川地震后，参加大连市大型义卖活动，拍卖剪纸作品，同时参加大连民间工艺品展销义卖活动，拍卖和展销收入全部捐献灾区。

同年，应邀赴北京，在北京奥运会和残奥会期间，在祥云小屋向中外来宾表演剪纸，剪纸全过程被文化部门和美术院校录制成资料片，获北京奥委会和中国文化部颁发的贡献奖荣誉证书；参加大连永清寺太山庙会民俗活动，表演并捐献剪纸，此后每年都参加此项民俗活动；创作二十幅生肖剪纸，由大连市市长在韩国“大连周”

活动中赠送国际友人；剪纸作品《和谐奥运》，当选为2007年度大连文艺界有影响的文艺作品；参加人文奥运中国行——第三届国际（北京）剪纸艺术博览会“东北风”少数民族剪纸大赛；参加辽宁省剪纸技艺大赛；赴山东高密参加首届（高密）民间文化艺术节暨中国剪纸艺术邀请展；赴山东威海参加情系农家共创文明——东风颂·中国剪纸艺术大展；作品参加辽宁（昌图）剪纸作品邀请展；创作作品参加第三届中国剪纸艺术大赛，一幅作品被收藏；赴北京参加首届中国（集美）民间工艺精品博览会，现场命题创作；与王玉良合作的论文《中国剪纸的出路和对策》在第六届中国（黑龙江）剪纸艺术节全国剪纸学术交流中获金奖；被辽宁省文化厅命名为辽宁省级非物质文化遗产项目庄河剪纸代表性传承人；获中华文化促进会剪纸艺术委员会、中国少数民族美术促进会颁发的中华剪纸优秀组织辅导奖。

2009年 获2008年度大连文艺界有影响的文艺人物称号。

同年，参与筹备魅力庄河·全国剪纸大赛暨60年中国剪纸代表作巡回展，获中华文化促进会颁发的中国剪纸特殊贡献奖；在中央电视台《欢乐中国行·走进庄河》舞台上，带领外孙女、亲传弟子王桐予向全国观众表演剪纸；赴沈阳参加文化遗产日活动，获辽宁省文化厅、辽宁省非物质文化遗产保护中心颁发的积极贡献奖；创作作品参加中国（吉林）“鱼文化”剪纸艺术大赛；

在第二届辽宁省农民节上表演剪纸；创作作品参加第三届“神州风韵”全国剪纸大赛暨首届全国剪纸创意大赛，担任“魅力庄河文化丛书”《庄河民间剪纸》责任编辑；编著的《韩月琴吉祥剪纸》由辽宁大学出版社出版，全国发行，收录了其本人各个时期的千余幅代表作品和部分家族成员、九位亲传弟子的作品，以及八位国内剪纸权威的点评。

2010年 在“发现最美大连·双十魅力”的市民投票评选活动中，韩月琴剪纸得票最多，获特别奖。

同年，应邀参加上海世博会，与孙女王紫微、王紫竹，孙子王颢博共同表演剪纸，现场创作的《海宝鱼》被广为宣传，接受中央电视台采访，获荣誉证书；获大连市第十一届文艺最高奖（终身成就奖）“金苹果”奖；赴河北蔚县参加由中国文联、中国民间文艺家协会举办的首届中国剪纸艺术节，在韩月琴剪纸展室表演剪纸，《双龙汇》等一组四幅作品获艺术节金奖，经中国文联申报、中宣部批准，于2011年，获中国民间文艺最高奖——“山花奖”，十三幅作品被刚落成的中国剪纸博物馆收藏；带领韩氏家族剪纸之家三辈人在“三八”妇女节晚会上表演剪纸；在文化遗产日率弟子和学员在大连现代博物馆表演剪纸，同时在馆内举办韩月琴剪纸作品展；参加辽宁省非物质文化遗产展示活动；创建大连市首个社区剪纸基地；应邀赴韩国安东市，在国际假面舞狂欢节上表演剪纸；携十幅作品赴济南参加首届中国非物质文化遗产博览会表演剪纸；赴沈阳故宫参加辽宁满族风情剪纸展；赴淮南参加海峡两岸剪纸精品展；《剪纸艺术》发表韩月琴专刊，刊登六十余幅作品及多名专家评论。

2011年 获大连市2010年度有影响的文艺人物称号。

同年，随辽宁省政府代表团赴台湾访问，参加"关东风情宝岛行"活动，在台北、台中、台南表演剪纸，向台湾同胞赠送剪纸作品，获荣誉证书；赴沈阳参加由辽宁省非物质文化遗产保护中心组织的"韩月琴剪纸进校园"活动；参加大连市非物质文化遗产活动，表演剪纸；在大连举行的达沃斯世界经济论坛分会场表演剪纸；带领家族成员参加大连市人口和计划生育委员会举办的宣传活动，在棒棰岛会场表演剪纸，出版家族成员剪纸计生挂历；被中共大连市委宣传部选定为大连文化明星，走进大连电视台《文化星空》节目，接受采访；应邀参加山西省全国民风民俗精品展；到北镇参加辽宁省满族剪纸作品展；参加"枫林韵"首届上海剪纸大赛和论文交流活动，论文《论家族传承剪纸的不可替代性》收录到上海市非物质文化遗产保护中心编撰的论文集；中共辽宁省委、辽宁省监察厅、辽宁省文化厅出版的《清风廉韵——纪念建党九十周年廉政文化作品集》收录了《党风廉正花木有情》《古代四大清官》剪纸；出席辽宁省文代会；由辽宁省文联、辽宁省民间文艺家协会成立的首批辽宁省艺术家工作室在韩月琴住地挂匾。

2012年 应邀随辽宁省文化代表团，赴俄罗斯伊尔库斯克参加中俄文化交流年活动，表演剪纸。

同年，与美国驻沈阳领事馆官员在大连启动“向智障儿童送温暖活动”，在智培学校教授学生剪纸，赠送剪纸作品；到花园口经济开发区举办打造全国文化品牌首期剪纸培训班，为期七天；到大连大学旅游专业班培训剪纸人才；应邀赴沈阳参加第七个文化遗产日活动；带领旅顺口区前夹山小学美术教师赴扬中市参加由中国妇联儿童工作部举办的全国少儿剪纸教学研讨会，宣读论文《剪纸——美育和传统文化教育的有效载体》，入选论文集，《光明日报》摘要刊登；参加中国非物质文化遗产博览会，获传承人展示奖；参加首届国际（大连）文化产业博览会，展览和表演剪纸；应中国妇联儿童工作部和中国妇女儿童博物馆邀请，组织和辅导本人创建的多所小学剪纸活动基地学生创作百余幅剪纸，参评中国首届少儿剪纸展，入选九幅，分获金、银、铜奖，作品入选《童趣飞翔》画册，韩月琴获优秀指导教师奖；中国文联出版社出版的《中国当代剪纸名家作品集》和《中国当代剪纸精品集》收录了韩月琴剪纸十八幅；大连市非物质文化遗产保护中心编撰的《大连优秀非物质文化遗产集萃》收录了韩月琴六幅作品，并有人物介绍文章；被聘为大连市民间文艺家协会顾问。

2013年　带领亲传弟子、孙女王紫微及社区剪纸弟子在大连市群众艺术馆为前来视察的省、市领导表演剪纸；与二姐韩月娥在大连现代博物馆为观众表演家族剪纸，到大连理工大学给学生上剪纸课；带领家族成员在达沃斯会议期间向中外来宾表演剪纸；带领家族成员、亲传弟子陈莉和亲传弟子美术教师丛淑红参加辽宁省民间文艺家协会在本溪举办的辽宁省高级剪纸学习班，并参加剪纸展演活动，被中国(本溪)剪纸文化创意产业园聘为创作指导员。同年，带领陈莉和李佳怡赴沈阳参加非物质文化遗产活动日活动，带领李佳怡赴沈阳参加迎新春非物质文化遗产展示展演活动；带领家族成员在“十二运”大连分会场表演剪纸，创作《庄河风光系列》和《“十二运”生肖系列》剪纸，并在庄河市政府支持下，塑封了万余份，广为散发，宣传庄河剪纸，展示庄河风貌；参加辽宁省“十二运”组委会、辽宁省非物质文化遗产保护中心举办的辽宁省全运会活动周活动，表演剪纸，获迎全运爱家乡十大剪纸明星称号；大连市文化广播影视局授予“庄河剪纸韩月琴剪纸传承基地”牌匾；获辽宁省优秀志愿者称号。

2014年　为大连电视台《大连新闻》节目创作片头图案《平安大连》剪纸。同年，应邀在大连电视台与孙女王紫微录制创作剪纸的专题片并向全市播放；在大连花园口经济开发区举办教师和市民剪纸培训班，同时筹备成立花园口经济开发区剪纸学会和剪纸活动基地，担任名誉会长；被辽宁省民间文艺家协会选送到中央美术学院进修，参加由乔晓光教授授课的剪纸培训班；带领亲传弟子、家族成员李佳怡到抚顺参加由辽宁省文化厅、省非物质文化遗产保护中心组织的文化遗产日活动，在晚会舞台上表演庄河剪纸；带领三名弟子向来连访问的俄罗斯军人及家属表演剪纸；在大连机场艺术长廊中展览剪纸作品，向国内外来宾展演剪纸技艺；与二姐韩月娥多次走进校园传授剪纸；应邀在大连新闻网举办的社区文化活动中表演剪纸；在大连市非物质文化遗产项目动画片创作活动中展示剪纸创作全过程和“随心走”的剪纸创作手法；在中俄总理会议期间向中外来宾表演剪纸；走进校园和幼儿园教学生和幼儿剪纸，并在大连电视台实况转播；在创建的新希望社区剪纸基地向辽宁省人大、大连市人大、省文化厅、省非物质文化遗产保护中心领导汇报基地活动情况，得到肯定和赞扬；参与组织由大连市文化广播影视局主办、大连市群众艺术馆和大连市非物质文化遗产保护中心承办的2015迎新春大连市民剪纸艺术展，在展会表演剪纸；完成由国家图书馆立项、大连图书馆交办的《口述历史——谈庄河剪纸和韩月琴及其剪纸家族》文字稿；创作大幅剪纸《传递核心价值观》，发表在《大连日报》头版头题，并附有作品和作者文字介绍；组织家族成员创作十三幅剪纸，参加由辽宁省文联和省民间文艺家协会举办的宣传核心价值观、传递正能量剪纸展览；《中华首届现代剪纸精品提名展作品集》收录了其剪纸作品《党风廉正花木有情》；获“最值得尊敬的庄河人”提名奖；获中华剪纸终身成就奖。

2015年　荣获中华人民共和国文化部授予的全国优秀文化志愿者称号。

同年，应西岗区教育局邀请为西岗区美术教师举办剪纸教学培训班；参与组织庄河北镇剪纸联展，韩月琴和家族多幅剪纸入展；由中国民间文艺家协会选编、中国文联出版社出版的《中国当代民间工艺名家名作选粹》第二卷收录了其剪纸作品《传递核心价值观》《九鱼图》《格格》《吉庆有余》《党风廉正花木有情》，并附有作者介绍；《党风廉正花木有情》收录到辽宁省中国党史学会书画委员会编撰的《历史回忆》图书；在“非遗日”带领亲传弟子、外孙女李佳怡到朝阳参加活动；参加庄河市举办的庄河旅游文化产品评选活动；赴山东临沂和山西阳泉参加剪纸展；自费印制本人和家族成员剪纸画册两种五百本；到花园口经济开发区筹备并举办市民剪纸展，创建市民剪纸活动中心，筹建花园口经济开发区剪纸学会，任名誉会长；在中共大连市委宣传部举办的汉风文化方舟讲座中，带领亲传弟子、孙女王紫竹表演并讲解庄河剪纸；经多年筹备，于11月24日在庄河文化馆举办庄河韩月琴家族剪纸展；创作剪纸参加全国先进文明城市作品征集活动；先后到过十个中小学和社区剪纸基地辅导剪纸；获中华文化促进会剪纸艺委会颁发的终身成就奖。

韩月琴及其剪纸作品获奖情况一览表

时间	获奖作品	奖项名称	颁奖单位
1987年	《美术教育是培养一代新人的重要途径》	辽宁省中小学美术教育研讨会第二届年会优秀论文奖	辽宁省教育厅
1999年		辽宁省优秀民间艺术人才	辽宁省文化厅
2001年	《招财进宝》	辽宁省第五届艺术节民间剪纸展 二等奖	辽宁省文化厅
2003年		大连市阳光工程爱心大使	大连市残疾人联合会
2005年	《吉庆有余》	辽宁省民间剪纸展金奖	辽宁省文化厅 辽宁省群众艺术馆
	《九鱼图》（与妹妹韩月巧合作）	辽宁省民间剪纸展金奖	辽宁省文化厅 辽宁省群众艺术馆
	《盼》	辽宁省第四届少数民族美术书法摄影展览优秀奖	辽宁省民族事务委员会 辽宁省文学艺术联合会
	《镇邪纳福》	辽宁省首届反腐倡廉书画作品展 优秀奖	辽宁省首届反腐倡廉书画展评委会
	《钟馗捉鬼》	辽宁省首届反腐倡廉书画作品展 优秀奖	辽宁省首届反腐倡廉书画展评委会

2006年		2005年度大连文艺界十位有影响的文艺人物	中共大连市委宣传部、大连市文联、大连市文化局、大连晚报社
	《吉庆有余》	大连市第九届文艺“金苹果”奖·优秀作品奖	大连市文艺创作委员会
		辽宁省民间艺术家	辽宁省文化厅
	《十二生肖》	中国(沈阳)世界园艺博览会剪纸展 金奖	中国（沈阳）世界园艺博览会组委会
	《九鱼图》	第二届“神州风韵”全国剪纸大赛 银奖	中华文化促进会剪纸艺术委员会
	《吉庆有余》	第二届“神州风韵”全国剪纸大赛 银奖	中华文化促进会剪纸艺术委员会
	《宫灯》	首届中国(杭州)国际剪纸艺术节 佳作奖	中华文化促进会剪纸艺术委员会
2007年	《大连剪纸艺术节策划方案》(与王玉良合作)	文化活动创意大赛三等奖	中共大连市委宣传部 大连市文联 大连市文化局 大连市财政局
	《新奥运·新腾飞》	2007年中国文化遗产日中国民间艺术作品系列展 铜奖	中国民间文艺家协会剪纸艺术委员会
	《喜相逢》	中国（温州）剪纸艺术大赛 银奖	中华文化促进会剪纸艺术委员会
	《抓髻娃娃》	首届中阳剪纸艺术节佳作奖	中国民间文艺家协会剪纸艺术委员会 山西省文化厅
	《和谐奥运》	第八届中国艺术节暨第二届国际剪纸艺术博览会 金奖	第八届中国艺术节暨第二届国际剪纸艺术博览会组委会

	《中国剪纸十大特征》（与王玉良合作）	第八届中国艺术节暨第二届国际剪纸艺术博览会　论文金奖	第八届中国艺术节暨第二届国际剪纸艺术博览会组委会
		大连市民俗文化特别贡献奖	大连市民俗文化促进会
		当代杰出民间艺术家	中国文化管理协会
2008年		在北京奥运会祥云小屋表演剪纸，获贡献奖证书	北京奥委会 中国文化部
	《和谐奥运》	2007年度大连文艺界有影响的文艺作品	中共大连市委宣传部 大连市文化局 大连市文学艺术界联合会 大连晚报社
	《五子登科》	人文奥运中国行——第三届国际（北京）剪纸艺术博览会“东北风”少数民族剪纸大赛　金剪刀奖	中国民间文艺家协会剪纸艺术委员会 中华文化促进会剪纸艺术委员会
		辽宁省剪纸艺术大赛“十大金剪刀”称号	辽宁省文联 辽宁省民间艺术家协会
	《龙腾虎跃》	首届（高密）民间文化艺术节暨中国剪纸艺术邀请展　金奖	中国民间文艺家协会剪纸艺术委员会
	《神州迎奥运》	情系农家共创文明——东风颂·中国剪纸艺术大展　金奖	中华文化促进会剪纸艺术委员会
	《民族生肖系列》	“西风烈”中国剪纸艺术大赛　银奖	中华文化促进会剪纸艺术委员会
	《金吉》	辽宁（昌图）剪纸作品邀请展　一等奖	辽宁省文联、辽宁省民间艺术家协会

2008年	《同心向党》	首届中国（集美）民间工艺精品博览会金奖	中国文联 中国民间艺术家协会
	《双龙汇》	第九届中国民间文艺“山花奖”入围奖	中国民间文艺家协会
	《吉庆有余》	中国剪纸艺术大赛银奖	中华文化促进会剪纸艺术委员会
	《和谐大连》	第六届中国（黑龙江）剪纸艺术节全国剪纸作品评比　银奖	中华文化促进会剪纸艺术委员会、中国工艺美术学会、中国少数民族美术促进会
	《和谐奥运》	大连市第十届(2006—2007年度）优秀文艺创作奖	大连市文艺创作委员会
	《中国剪纸十大特征》（与王玉良合作）	大连市第十届(2006—2007年度）优秀评论奖	大连市文艺创作委员会
	《中国剪纸的出路和对策》（与王玉良合作）	第六届中国（黑龙江）剪纸艺术节全国剪纸学术交流　金奖	中华文化促进会剪纸艺术委员会、中国工艺美术学会、中国少数民族美术促进会
		中华剪纸优秀组织辅导奖	中华文化促进会剪纸艺术委员会、中国少数民族美术促进会
2009年		2008年度大连文艺界有影响的文艺人物	大连市文艺创作委员会
		参加辽宁省文化遗产日活动获积极贡献奖	辽宁省文化厅、辽宁省非物质文化遗产保护中心
	《兽首鱼尾情》	中国(吉林)“鱼文化”剪纸艺术大赛　银奖	中国民间文艺家协会剪纸艺术委员会

		中国剪纸特殊贡献奖	中华文化促进会剪纸艺术委员会
	《鼠咬天开》	首届辽宁省农民节金奖	辽宁省文化厅 辽宁省群众艺术馆
	《新十二生肖》	第三届“神州风韵”全国剪纸大赛暨首届全国剪纸创意大赛 铜奖	中华文化促进会剪纸艺术委员会
2010年		参加“发现最美大连·双十魅力”的市民投票评选活动 特别奖	大连市城建局 大连市旅游局 半岛晨报社等
		大连市第十一届文艺最高奖“金苹果”奖	大连市文艺创作委员会
	《双龙汇》等一组四幅剪纸	首届中国剪纸艺术节金奖	中国文联 中国民间文艺家协会
	《祝首届中国非物质文化遗产博览会成功》	首届中国非物质文化遗产博览会 银奖	中国文化部 中国非物质文化遗产保护中心
	《满族风情》	辽宁满族风情剪纸展金奖	辽宁省民间文艺家协会
		参加上海世博会“辽宁周”活动荣誉证书	辽宁省文化厅
	《骨肉相连》	海峡两岸剪纸精品展金奖	中华文化促进会剪纸艺术委员会
2011年		大连市2010年度有影响的文艺人物	中共大连市宣传部、大连市文广局、大连市文联、大连晚报社
		中国民间文艺最高奖——“山花奖”	中国文联、中国民间文艺家协会选送，并报中宣部批准

2011年	《罕王出世》	辽宁省满族剪纸作品展“金巧手”奖	辽宁省文联 辽宁省民间文艺家协会
2012年		中国非物质文化遗产博览会 传承人展示奖	中国非物质文化遗产保护中心
		参加“关东风情宝岛行”辽宁民间文化展示展演 荣誉证书	辽宁省文化厅
		“童趣的飞翔”首届全国儿童剪纸展 优秀指导教师奖	首届全国儿童剪纸展组委会
		大连市2011年度有影响的文艺人物	中共大连市委宣传部、大连市文广局、大连市文联、大连晚报社
		首届大连市人口与家庭文化艺术作品展组织奖	大连市青少年健康人格工程领导小组办公室
		参加2012年中国·辽宁非物质文化遗产传统技艺大展暨生产性保护成果展 荣誉证书	中华人民共和国非物质文化遗产司 辽宁省文化厅
2013年	《天道酬勤》	辽宁省高级剪纸学习班剪纸展 一等奖	辽宁省民间文艺家协会
		“迎全运，爱家乡、建辽宁”剪纸艺术展 一等奖	辽宁省文联 辽宁省民间文艺家协会
		“迎全运，爱家乡、建辽宁”剪纸艺术展暨中国本溪第二届创意剪纸文化节现场剪纸大赛 十大剪纸明星	辽宁省文联 辽宁省民间文艺家协会

	《党风廉正花木有情》	中国（锦州）世博园剪纸展 最佳作品奖	中国（锦州）世博园组委会
	《老来福》	首届华夏（延安）剪纸精品展 特邀作品奖	中华文化促进会剪纸艺术委员会
		辽宁省优秀志愿者	辽宁省文化厅
	《福娃系列》	中国剪纸艺术创作成就奖	中华文化促进会 中华剪纸杂志
		最值得尊敬的庄河人提名奖	中共庄河市委 庄河市人民政府
2014年	《传递核心价值观》	2015迎新春大连市民剪纸艺术展 特别奖	大连市文广局 大连市群众艺术馆 大连市非物质文化遗产保护中心
		中华剪纸终身成就奖	中华文化促进会剪纸艺术委员会
		辽宁省非物质文化遗产项目展示奖金奖、辽宁省非物质文化遗产项目展演奖金奖	辽宁省文化厅
2015年		全国优秀文化志愿者称号	中国文化部
	《党风廉正花木有情》	纪念毛泽东诞辰一百周年、庆祝中华人民共和国成立六十五周年剪纸展金奖、入选《历史的回忆》	辽宁省中共党史学会书画委员会 庆祝中华人民共和国成立六十五周年组委会
	《十二生肖》	庄河市文化旅游产品创意二等奖	庄河市人民政府